高校教育教学与人才培养研究

陈 镇 单艳艳 徐运保 著

中国原子能出版社

图书在版编目（CIP）数据

高校教育教学与人才培养研究 / 陈镇，单艳艳，徐
运保著. --北京：中国原子能出版社，2023.12
ISBN 978-7-5221-3266-2

Ⅰ. ①高… Ⅱ. ①陈…②单…③徐… Ⅲ. ①高等教
育–教学研究–中国②高等学校–人才培养–研究–中国
Ⅳ. ①G649.2

中国国家版本馆 CIP 数据核字（2024）第 014140 号

高校教育教学与人才培养研究

出版发行	中国原子能出版社（北京市海淀区阜成路 43 号　100048）
责任编辑	杨　青
责任校对	冯莲凤
责任印制	赵　明
印　　刷	北京天恒嘉业印刷有限公司
经　　销	全国新华书店
开　　本	787 mm×1092 mm　1/16
印　　张	15.25
字　　数	240 千字
版　　次	2023 年 12 月第 1 版　2023 年 12 月第 1 次印刷
书　　号	ISBN 978-7-5221-3266-2　　　定　价　76.00 元

发行电话：010-68452845　　　　　　　版权所有　侵权必究

前　　言

　　教育既是国家大计，又是民生发展的首要关切。强国必谋强教，强教支撑强国。高等教育发展水平是一个国家发展水平和发展潜力的重要标志，世界经济强国无不都是高等教育强国。改革开放以来，中国高等教育在国家教育优先发展战略的指引下，不断探索、不断超越，在取得一个接一个历史性、阶段性重大进展，为国家经济社会发展和改善民生做出重大贡献的同时，也面临着前所未有的巨大挑战和历史机遇。

　　当今世界正处于大发展、大变革、大调整的时期，经济全球化使世界经济格局发生了变化，综合国力竞争和各方力量较量更加激烈，世界范围内的生产力、生产方式、生活方式和经济社会发展格局正在发生深刻变革。这种变化使创新成为经济社会发展的主要驱动力，知识创新成为国家竞争力的核心要素。

　　我国明确提出要建设创新型国家，在知识经济时代，经济和社会的发展不仅取决于人才的数量和结构，更取决于人才的创新精神与创新能力。高校学生作为国家培养的高层次人才，理应成为建设创新型国家的实践者，成为我国实现人才强国战略的生力军。

　　在建设创新型国家这一伟大的历史进程中，高等教育起着基础性、战略性的作用。高等教育历来是传播、宣传知识的重要基地，因此，高等学校应当承担起社会赋予的历史责任，全面发挥其在人才培养、科技创新、社会服务、引领文化等方面的作用。

本书在撰写的过程中，得到了诸多专家、学者的帮助，在这里表示衷心的感谢。由于作者水平有限，虽然经过了反复修改，但书稿中仍难免会存在疏漏之处，恳请广大读者批评、批正。

目　　录

第一章　我国高校教育现状和发展思路概述

第一节　高校教育的发展现状

一、办学规模不断扩大

目前我国正处于全面建设社会主义现代化国家的关键时期，无论是经济还是社会的发展，都面临着许多艰巨的任务。加快转变经济增长方式、推进产业结构优化升级、走新型工业化道路与建设创新型国家，都迫切需要国家培养一大批高技能型人才，以满足社会发展的需要，同时还对人力资源的素质和结构提出了更高层次的要求。受多种因素的影响，高职院校的招生数量在不断增加，办学规模也相应地不断扩大。

研究近些年来我国高职院校的招生情况，也可以发现高职教育发展十分迅速，如今已发展成为与人民群众和社会发展紧密联系的教育机构。但是，招生数量与高职院校的扩张范围却呈现出不平衡的一面，在随后的章节中将会进行深入探讨。此外，在未来的一段时间内，高校教育的这种招生规模仍将继续保持扩张的趋势，因为这种发展态势与我国高等教育的发展、我国社会经济发展的内在要求相适应。

二、教育体系不断完善

高等职业教育体系属于高等教育体系的一部分，它是与职业教育体系及高等教育体系紧密联系的，由成人非高等学历学位教育、成人高等学历学位教育、普通高等学历学位教育等所构成的一个完整的系统。

我国的高校教育之所以能够获得如此快速的发展，其中重要的原因之一就在于不断完善学校的教育体系。不断创新和完善校企合作办学模式，为提升人才培育质量提供了保障。高职院校开始构建产学结合联盟平台，并以改革和创新校企办学机制为重点，构建政府主导、行业指导、企业参与的职业教育办学机制，在这个改革的过程中，产学合作的比例不断提高，校企之间共同开发专业课程，企业到高职院校担任兼职教师的比例也迅速提高。

三、人才培养模式特征逐渐明确

为了大力推进高校教育的发展，改革高校教育的人才培养模式，满足社会经济发展的需要，从而更加准确地把握高职教育的发展情况，中华人民共和国教育部（以下简称教育部）制定了《教育部关于加强高职高专教育人才培养工作的意见》。该文件对高职高专教育的人才培养模式进行了界定，即以培养高等技术应用性专门人才为根本任务；以适应社会需要为目标、以培养技术应用能力为主线设计学生的知识、能力、素质结构和培养方案；毕业生应具有基础理论知识适度、技术应用能力强、知识面较宽、素质高等特点；以"应用"为主旨和特征构建课程和教学内容体系；实践教学的主要目的是培养学生的技术应用能力，并在教学计划中占较大比重；"双师型"（既是教师又是工程师、会计师等）教师队伍建设是提高高职高专教育教学质量的关键；学校与社会用人部门结合、师生与实际劳动者结合、理论与实践结合是人才培养的基本途径。当前，我国已经比较成熟的人才培养模式主要包括：订单培养模式、校企合作模式、产学研结合模式、顶岗实习模式、"2+1"模式、工学交替模式等。

第二节　高校教育的发展思路

一、面向市场，优化专业设置

我国的普通本科教育所培养的人才类型为工程型、研究型人才，高校教育则与此不同，它所培养的人才类型为技术应用型人才。由于人才培养类型上的差别，所以高校教育不能再继续沿用普通本科教育的教学方法，要从设置专业是以学科为中心的固有传统中突破出来，根据不同地区的产业化水平、不同的市场需求及职业要求来合理设置专业，促使院校所设置的专业最终能够很好地满足社会经济、岗位和技术对人才的需求。

部分高职院校的专业设置跟不上产业调整的要求，专业设置和教学标准缺乏有效的动态调整机制，这严重影响了人才质量的提高。目前，我国仍有一部分的高职院校在设置专业时只关注短期需求，在不考虑其他因素的情况下，自以为是地认为要设置何种专业，具体情况包括：学校有什么样的条件就开办什么样的专业；有什么样的教师就开设什么样的课程；就业岗位需要什么就交给学生什么；市场需要什么专业就开办什么样的专业，而不去分析考虑市场需求的变化及其变化趋势。因此，为了更好地加快高校教育的发展，各高职院校必须根据产业结构调整、区域经济与社会的发展变化、市场需求等，优化其专业设置。

当前我国无论是产业结构还是行业结构都发生了很大的变化。产业结构上，第一产业逐步下降，第二产业缓慢增长或停滞不前，第三产业呈持续上升趋势；行业结构上，部分行业像采掘、钢铁、纺织等发挥的作用逐渐减弱，相反的，部分新兴行业像合成材料、计算机、数控编程等行业发展渐盛。这些变化在造成原有的一些职业岗位大量消失的同时，也增加了大量新兴的工作岗位。所以，高校教育应当以市场的变化与需求为导向，密切结合地区经济及社会发展需求，科学设置和调整专业。如果学校忽视市场对人才的需求，而仅依据自身现有的教学资源、师资力量、基础设施等来设置专业，将有相当大一部分的学生很可能一毕业就面临着失业的状况，这是非常不谨慎的决定。真正恰当的做法应该是：在明确自身所具备的办学条件的基础上，深入开展调查研究，充分听取并采纳相关企业与行业中肯的意见，以保证学校的专业设置是在经过科学论证的基础上完成的；还要站得高、望得远，对于那些具备发展潜力的前景专业，学校应该努力创造良好的条件，做到蓄势待发，最终水到渠成。

以番禺职业技术学院为例，该校在设置专业时，从以往的以"建"为重点，转换成为了如今的以"调整"为重点，更倾向于专业群的建设。该校经历了这样一个转变：过去，学校的玩具专业面向的主要是传统的玩具制造业，可是鉴于近年来这一行业的发展形势欠佳，因此，随着企业的"腾笼换鸟"，学院的玩具专业也紧跟步伐，原本面向玩具制造等第二产业，也已转向了玩具质量检测等第三产业。恰恰是通过这样的转变，才使学校的玩具类专业的发展趋势由坏转好。

二、深化校企合作办学形式

在当前全球大变革的背景下，我国进入了全面建设社会主义现代化国家的新时期，为顺利实现目标，国家提出了加快转变经济发展方式、促进产业结构优化升级、建设人力资源强国等一系列发展战略，对高校教育培养大量高端技能型专门人才有着迫切的需求，因此必须加快我国高校教育的发展步伐。然而，封闭式的单一办学体制机制严重制约了高校教育的健康持续发展，为适应新的经济社会发展形势，高校教育必须深化改革，创新办学体制机制，其中较为有效的一个途径就是深化校企合作办学体制机制，联合育人。

校企合作体制机制是高职院校与普通高等院校相区别的一大特征，但是这种院校与企业之间的合作往往流于表面，少有实质上的进展。例如，由于人口红利的消失，开始大规模出现"用工荒"，这导致企业对职校学生来企进行顶岗实习的需求急剧上升。然而，很多高职院校面对这种来自企业的出乎意料的"热情"，似乎还未做好将其转化为双方进行有效合作的机遇。关于校企合作，也有一些高职院校仅停留在处理有与无这一层面，觉得企业来了就是好的，对企业是否发挥了育人作用没有要求。

所以，这些高职院校培养出来的学生最终很难满足与适应企业的要求。于是，出现了这样一种现象，每年企业除了要耗费大量的精力招人之外，还得再用掉部分经费来培养招收进来的新员工。归根究底都是因为学校培养不出能够和企业技能与文化相匹配的人才，制定人才标准时缺乏与企业的沟通，进而造成了脱节，安排的课程内容过于陈旧，无法满足职业岗位的新要求，严重缺乏"双师型"教师，企业文化素养的熏陶远远不够，学生职业素养有待提高。

那么，高职院校应该如何深化与企业之间的合作，培养出具有竞争力的、专业过硬的人才呢？为了确保学生的职业素养能够有效满足企业的岗位需求，高职院校在确定人才培养标准时，应当加强与企业的人力资源部及培训部门的密切合作，通过仔细地分析与研究，明确各个岗位所要求的专业素养、知识技能、工作经验、工作态度等，根据岗位要求来构建能力模型，在课程内容的安排与专业结构的设置上能够和企业达成共识，并据此来制定人才培养方案。学校与企业双方也应该共同努力营造一种以就业为导向的实践教学环境，使学生能够从"做中学"。另外，还可以将企业文化与校园文化有机融合，全面提升学生的综合素质。

企业文化是企业发展历程的缩影，也是企业精神、理念和价值的反映，对于高职经管类学生而言，积极接受并逐步融入到优秀的企业文化中去，接受企业文化带来的熏陶和教育，有利于学生健全人格的培养和综合素质的全面提升。一方面，高职院校要推动校园文化和企业文化的有机结合，大力学习和引入先进文化。学校要将校风、校纪、校训与企业精神的培养和企业道德教育紧密联系在一起，注重学生的精神文明建设。例如：定期邀请优秀企业到学校进行企业文化展示，将企业的文化内涵和文化理念传递给全校师生，宣传和树立良好的企业形象；组织学生到企业参观交流、实习实践等，使学生初步了解企业的生产流程和经营运作情况，并对其逐步产生认同感和归属感，为日后进入企业正式工作打下良好的基础；组织和举办系列的企业讲座、座谈会、交流会等活动，使学校和企业建立起全方位的交流平台。另一方面，高职院校要积极开展各种形式的校内外社会实践活动，如校外拓展训练、志愿服务、校园文化节、暑期社会实践、毕业实习等。学生通过参与校园文化活动和社会实践，能够更多地接触和了解社会，锻炼自己的沟通组织能力，认识到自身的不足，并逐步改进和完善。

三、培养复合型人才应对跨界融合

为了满足社会多样化的需求，复合型人才的作用就越来越突出。很多高职院校在进行专业设置时，各专业之间的界限太清，专业之间相互孤立，缺乏综合交叉，在划分各个专业的教学内容时十分严格，忽略了彼此之间的有机联系，导致培养出来的人才知识、技能单一，根本无法满足人才市场的需求。因此，为了提高高职学生的就业竞争力，培养出符合相关专业的复合型人才，高职院校必须打破专业界限，采取"订单式"人才培养模式，对相互关联的专业进行综合、交叉，不但要增强学生的专业能力，还要积极培养学生的综合能力。

复合型人才是指具有两个或两个以上专业（或学科）的基本知识和基本技能的人才。具体来说，首先得基础扎实，知识面广，如此才能为不同专业之间的融合提供条件；其次，掌握的知识结构不仅能打破专业的界限，还保持一定的相关度；最后，掌握的不同专业之间的知识能够相互交融、综合，由此形成新的知识、萌发新的思维方法、形成综合能力，这除了有利于帮助解决本专业的问题以外，更容易有所创新。

培养复合型人才所采取的"订单式"人才培养模式，主要是以培养学生的职业技能为导向，以学校和各行各业之间的紧密合作为主要载体，根据对人才的需求方向，采取针对性较强的人才培养方法，使学生学习到的知识和技能与行业需求之间零距离对接。为了保证高职院校人才培养的质量，国务院颁布了《国务院关于大力发展职业教育的决定》，要求积极开展订单培养模式，推动职业院校更好地面向社会、面向市场办学。

四、加强教师素质培养，建设"双师型"教师队伍

影响高校教育质量的因素有很多，包括师资、生源、学科、设备、经费、管理、校舍等，但起决定性作用的因素是师资队伍。教学质量的优劣，教师是关键。学校要获得发展，其核心竞争力是师资，而这却是高职院校最为缺乏的。所以，高职院校要发展，要提高教学质量，必须加强对教师素质的培养，努力建设成一支素质优良、能适应现代化发展要求、结构合理、相对稳定、专兼结合的"双师型"教师队伍。

1. 提升教师学历层次

衡量师资队伍质量优劣的一个重要指标就是教师的学历层次。面对教师学历层次较低的问题，高职院校可以借助校企合作这一特殊的平台，来建立以它为基础的师资培训机制，还可以通过内培、外聘、进修等其他方式来提高教师的学历层次，要重视对骨干教师、学科带头人的培养，且必须具备硕士及以上的学历。高职人才的突出特点是技术性及应用性，教师必须同时具备理论与实践技能。因此，高职院校在选拔教师时应该适当提高自己的标准与要求，但也不能一味地要求高学历，而忽视了实际操作经验，应该尽最大限度地努力聘请那些既具备高学历，也曾在第一线实践过、掌握了实际工作经验的"双师型"人才。对于那些学历尚无法达到学校要求、专业知识精良、职业素质好和教学能力强的技术人员，高职院校可以将他们聘用为兼职教师，不仅有利于帮助学校教师提升职业素养，还能推进"双师型"教师队伍的建设。至于那些刚从高校毕业便来校任教，或者出自普通高校的高学历人才，可以对他们进行适当的岗前培训，为他们提供进修或实习的机会，以培养他们的专业知识，积累实践经验。

2. 注重教师知识结构的完善

21世纪是知识经济的时代，信息技术飞速发展，高职院校的教学也应当

能够适应知识经济的新要求。因此，教师必须努力学习新知识、新技术，积极拓宽自己的知识面，形成一种基础文化知识牢固、专业知识开阔，同时还具备与本专业相联系、交叉的其他专业知识的知识结构，更好地满足市场对人才的需求。

首先，基础文化知识指的是知识结构中最基础的部分，包括自然科学和社会科学，教师都是以此为基础来进行专业学习与创新的。因此，教师掌握的基础知识越扎实、越宽广，越容易厚积薄发，充分发挥自己的实力。

其次，专业知识指的是教师在对学生进行理论知识的传授，或者是进行实践操作的指导时，应该掌握的知识。显而易见，专业知识应该包含的是专业理论知识及专业实践知识两个方面。一方面，专业理论知识不仅包括了教师从事教育工作必须掌握的教育专业知识，还包括了教师必须具备的所教学科的专业知识；另一方面，专业实践知识是指教师将理论知识延伸到实践操作上应当具备的知识，具体包括实验的详细操作步骤、各种试剂的性质与功能、实验器皿的使用方法、实际训练中的案例分析与总结等多方面的知识。

最后，与本专业紧密相关的一些其他知识，如基本哲学理论知识、教育政策与法规、教师职业道德规范、美学等。除此之外，当前是知识经济时代，世界信息化、交流国际化，教师还应当具备现代科学和技术的一般常识，如计算机操作、外语交流、信息技术的应用等多方面的新知识。

以上提到的三类知识，其中核心是专业知识，其次是基础文化知识，而其他相关知识只是居于外围层次。高职教师应当追求多层次的知识，并不断向纵深拓展，努力完善自己的知识结构。

3. 引入竞争机制，完善教师考核与奖惩制度

学校必须引进竞争机制，打破传统的"铁饭碗"观念，而应该"能进能出"，推行公开选拔、竞争上岗的聘用制度，提高教职员工的工作积极性。例如，从开始实施聘任制度开始，对新引进的教师全部采用合同聘用制度的形式，将他们的人事关系交由人才交流中心管理；学校聘用的教职员工无论是在政治上，还是在经济上，都与在编教师享受同等的待遇和福利，新聘任

教师的教学方法、特色、科研和教学能力，决定了其自身的政治和经济待遇，在一定程度上也决定了他们能否继续被学校聘用。针对那些已经在编的教师，要采用严格的校内聘任制度，实施年度的竞争上岗制度，严格把握考核过程，其考核的结果决定了在编教职工能否继续留校工作，同样也决定了他们在政治和经济上的待遇。

改进以往的评审办法，改革和完善对教师的考核和奖惩制度。针对高职教师的考核，除了要考核他们的思想政治素质之外，最重要的是对教师工作业务和能力的考核。高校教育与其他教育类型的区别在于它以培养技能型人才及技术型人才为主，鉴于高校教育的这一特点，高职教师的实践教学能力也成为衡量其教学能力的一个重要方面。

五、教学模式顺应时代潮流与需求

当前正处于信息化高速发展的时代，各行各业的产生、发展、衰退乃至消失，都与信息化的发展程度密切相关。教育也是如此。早在 2012 年，教育部在发布的《教育信息化十年发展规划（2011—2020 年）》中就提出了要"培养学生信息化环境下的学习能力"，"鼓励学生利用信息手段主动学习、自主学习、合作学习；培养学生利用信息技术学习的良好习惯，发展兴趣特长，提高学习质量；增强学生在网络环境下提出问题、分析问题和解决问题的能力"。

受信息化影响，尤其是在"互联网+"的背景下，学生的身心相比过去都发生了很大的变化，而教师与学生之间的关系也随之发生变化，传统的教学模式已经无法满足学生发展的需要。目前，我国各高校教育也正在慢慢地提高教学的网络化程度，它们在加快办学发展的同时，也在教学过程中大力推广与使用网络信息技术，努力增强教育环境中的网络信息技术的优势。不过，综合考察与分析目前高校教育的课堂教学模式及网络信息技术带来的教学效果，可以发现网络化的教学模式在高校教育中尚未完全体现出其优势及作用。这种网络化教学模式，并没有要求高校教育将以往的传统课堂教学模式完全抛弃，两者之间不是互相矛盾的，若是可以在进行传统课堂教学时，融合现代信息技术，充分有效地应用网络化教学，吸收两者的优点，克服两者的局限性，高职的教学质量能够得到大幅度提升。

分析目前高校教育中网络化教学的发展现状，大体上可将其分为两种类型：第一种是教师在教学过程中利用信息技术媒介，将那些抽象、错综复杂的概念或者过程置于多媒体环境和网络环境中向学生进行展示，帮助学生更好地消化与吸收；第二种类型较第一种更具先进性，由教师来策划整个学习过程中的具体课堂情境，采取与教学内容紧密结合的项目教学法、任务驱动教学法等来激发学生的好奇心和学习动机，使学生在一种网络化的教学环境中进行自主的探索及互助协作的学习，并从中获取知识与技能。在这一教学过程中，教师所起到的是引导与监督的作用，形成了师生之间以学生为主体、以教师为导向的交流方式。教师采用第二类的教学模式，可以充分调动学生的学习积极性，营造良好的课堂氛围，进而增强教学效果，同时也培养了学生探索实践的能力和运用信息技术的能力，对提升学生的就业竞争力具有重要作用。

高职院校对其课堂教学模式进行网络化的改革，不是盲目地为了紧跟时代潮流，更重要的是看到了网络化教学相比传统课堂教学模式所具备的优势。

1. 网络化教学是一种资源丰富的教学模式

网络化教学的本质自然是教育，而教育的核心是教育资源。以现代信息技术为媒介的网络，就如同知识的海洋，信息资源极其丰富，囊括了各家各派的思想观点和主张。网络化教学模式在表现形式上是多种多样的，可以采用文本、图像、视频等多种形式教学，还可以将以往传统的教材或者教师的课堂教学转化为电子书、音频资料、视频等。此外，还有很多名校名师也愿意分享自己的教学经验和教学资料。同时，网络上还有很多学习网站，这些网站通过搭建平台的方式来吸引学习爱好者。例如，最新出现的学习模式——微课，时长一般在 5～8 分钟，基本上不超过 10 分钟，教师在课堂教学中集中围绕一个问题或某个学科知识点授课，内容精简，主题突出，稳步推进学习效果，最终集腋成裘、聚沙成塔。微课作为一种新型教学资源，正慢慢走进大家的视野，吸引越来越多的人学习。

2. 网络化教学是一种资源开放的教学模式

网络化教学打破了传统的封闭式院校教学，能够满足不同类别、不同层次的人对教育的需求，分散在世界不同地方的人们借助网络教学，可以同时出现在一个虚拟的课堂中一起学习、相互讨论，不会囿于教师教授的那一部分知识，他们还可以接触到相关的其他知识点或论点，从而开阔视野，拓宽思路，培养开放性思维习惯。除此之外，由于网络化教学不受上课时间、地点的限制，不同的学生可以根据自己的实际情况和学习的进度，自主安排学习时间，进一步提高了学生的学习主动性和自主性。教育部启动"新世纪网络课程建设工程"，建设了诸多网络课程；同时，政府也鼓励各院校积极努力开发具有自身特色的网络课程；学校也制定了相应的政策，鼓励教师将自己的教学素材、信息和知识资源搬上网。

3. 网络化教学是一种资源共享的教学模式

网络化教学一方面可以深入挖掘一所学校的教育资源；另一方面也能更好地促进教育资源、数据资源、硬件资源及软件资源的共享，使得校内学生能够跨校择课，校外学生通过网络化教学修得的学分能获得认可及转换，有利于学生的个性化发展。另外，在网络化教学的影响下，那些地处偏远、教学条件落后的山区的学生，也可以受到教学能力强的教师的指导，实时了解有关的教育法规和政策，获得丰富多样的教学资源。网络化教学化打破了学校与国家的界限，学生可以自主决定自己接受教育的途径和方式。

4. 网络化教学是一种交互性强的教学模式

由于网络具有丰富、形象的信息资源和强大的交互能力，学生可以迅速获取自己所需要的信息，学生与教师、学生与学生之间有机会进行充分的沟通和交流。在网络化教学中，教师在向学生讲解知识内容的过程中，学生和教师之间可以针对某一问题展开深入的分析，并互相交流看法。而教师可以及时获取学生的反馈信息，从而改进自己的教学方法。学生借助网络，可以通过教学平台与其他学生或网络上的信息资源进行交流，能够及时了解自己有何进步或者存在哪些不足，并相应地调整自己的学习策略，从而不断培养自己的能力，提升自己的知识水平。

5. 网络化教学是一种个性化的教学模式

当前，很多高职教师不再局限于给学生传授有限的知识，而是重点培养学生的学习自主性。比尔·盖茨说过，你孩子的世界不会与从前一样，他们的未来依赖于他们一生中掌握新概念，作出新选择，不断学习不断适应的能力。对于不同的学生个体而言，他们的性格、智力、学习兴趣和学习能力都存在着差别，传统课堂教学的那种统一的教材、统一的授课进度和统一的人才培养方案已经很难达到理想的教学效果，教育应当尊重这种个体间的差异。

网络化的高职课堂教学模式，改变了传统的教学模式，使得以教师为中心的教学变成以学生为中心的教学，通过独特的信息数据库管理技术，对学生的学习过程、阶段情况及个性资料进行完整的全面跟踪、记录，然后储存，便于教师以学生的差异为基础来安排学习进度，选择教学方法及教学材料，并对学生提出个性化的学习建议。在教师的指导下，学生可以根据自己的实际情况自主选择需要的知识，从而真正实现个性化教学。

不管是继续沿用传统的教学模式，还是大力推行网络化的教学模式，归根结底都是为了培养学生的独立学习能力，激发学生的学习兴趣，帮助学生自身做出正确的判断，进而快速地获取知识和技能。只有这样，高职毕业的学生才能在踏入社会以后，面对各行各业的竞争泰然处之，成为有用之才，才不至于随着时代的更迭而被社会所淘汰。网络化的课堂教学模式，在充分利用发达的信息技术来设计教学条件的基础上，由教师整合授课资源，并以项目化教学方式来分解教学任务，这样，学生除了在课堂上，还能在课余或者日常生活中自觉分成小组来学习和讨论，在极大地激发了学生的学习参与热情的同时，也提升了学生对自主性学习认识的广度和深度。因此，形成科学的多样化的网络化高职课堂教学模式势在必行。

第二章 "互联网＋"背景下的教育变革

第一节 互联网教育产生的原因

一、信息化的普及与教育信息化的发展

信息化已经成为当今世界经济和社会发展的大趋势，信息技术的发展对我国的经济、文化等各方面都产生了一定的影响。因此，现阶段要不断普及信息化教育，以此推动社会的发展。当代，信息技术的发展速度不断加快，已经慢慢地对各个专业都产生了一定的影响，而现阶段职业教育的目标之中也加入了重要的一条，即为社会培养符合"互联网＋"产业发展所需的优秀技术人才。普及信息化教育是培养创新型人才的需要，21世纪是信息技术飞速发展的时代，各种创新成果层出不穷，教学目标已不再是纯粹地向学生灌输已有的理论知识，而应该更加注重培养学生不断探索与掌握新知识的能力，进而增强学生的创新的能力。创新是一个民族进步的灵魂，是一个国家兴旺发达的不竭动力。一个民族，如果缺乏创新能力是难以在世界民族之林立足的。为了更好地在竞争激烈的世界潮流中继续生存与发展下去，必须认识到增强民族创新能力的重要性。教育在培养创造精神与创新型人才方面肩负着重要使命，在教育中融入信息技术因素，能够有效激发学生的学习兴趣，诱导学生进行积极思考，同时也为学生提供了更为广阔的发展空间和

动手空间，对培养学生的创新意识和创新能力，提高学习效率具有极其重要的作用。

此外，教育的最终目的是培养社会所需要的人才，所以，教育的发展也要随着社会的发展而不断进行变革。在这个信息化时代，教育应该改变传统的教学观、师生观及学习观。对于学生而言，学习不应该只是片面地被动地接受知识与信息的过程，而是要主动构建知识，要以自己的知识背景为依据，在接收外来信息时，不再一味地、不分主次地全盘接受，而应该主动地进行选择、加工及处理，成为学习的主体，在教学活动中成为积极的参与者、知识的主动构建者。对于教师而言，在教学中不再占据主导地位，而只是学生学习的引导者和组织者，教师不仅要传递知识，在人格、情感、智力等其他方面也应该对学生进行全面的培养与塑造，最终实现育人的目的。只有全面普及信息技术教育，教育才能在信息化社会中朝着纵深方向发展。

发展至今，教育信息化已经由多个单系统转变成了一个共享的、整合的、统一的系统；经历了一个由原来的面向系统、面向技术的建设向现在面向用户、面向应用转变的建设过程。

互联网已经成为了当今世界教育与学习的主流方式，它的出现，使人们对教育的认识发生了质的变化，它对教育产生的影响可以说是史无前例的。随着我国教育信息化的不断发展，教育部发布了《教育信息化十年发展规划（2011—2020年）》，其中就特别提到了要建立教育信息化产业发展机制。

为了推动"优质资源班班通"工程的发展，教育部要求学校要开好、开足国家规定的课程，尤其是要建设好"三个课堂"（即专递课堂、名师课堂和名校网络课堂）；同时，为了扩大教学点数字资源的覆盖率，还需要为这些教学点提供更好的资源和设备，并可以从逐步设置同步课堂开始。总的来说，信息技术的发展与教育信息化的发展成为了网络教育最大的推动力之一。

二、教育的信息交换与处理

教育的本质是为社会培养人才，同时完善人的人格、健全人的人格，并让人们能够有一个更好的人生。从教育的角度来看，教育过程是教师根据教育目的、任务和学生身心发展的特点，通过指导学生有目的、有计划地掌握系统的文化科学知识和基本技能，发展学生的智力和体力，形成科学世界观及培养道德品质、发展个性的过程。如果不以这种方式来看待教育，那么教育的过程在一定的程度上也可以视为是一种信息交换及处理的过程，这与互联网的相关功能具有一致性。本书对互联网的信息交换和处理的特点进行阐述，主要包括以下八个特点。

（1）互联网信息交换和处理的速度非常快，主要是由于互联网技术非常先进，能够在短时间之内达到对信息的快速处理。

（2）对信息处理和交换能够突破时间和空间的限制，现阶段的互联网技术都是不受时间和空间限制的，在不同的时间及不同的地点也能够做到对同一信息进行处理。

（3）信息交换和处理的成本比较低，一般而言，处理和交换信息是互联网技术的最基本的功能，因此不需要支付什么额外的费用，成本比较低。

（4）互联网技术能够处理和交换很大容量的信息，主要是指互联网处理和交换信息不受容量的限制。

（5）通过互联网进行信息交换的处理过程中，可以实现多个人倾听、回应或者发言。

（6）运用互联网技术处理和交换信息的品种比较多，有语音、图像、文本等形式。

（7）互联网技术处理和交换信息比较节省时间和金钱，因为互联网技术非常先进，处理信息的效率非常高。

（8）互联网处理交换信息的能力非常强大。

总的来说，无论发挥互联网处理和交换信息的哪一种功能，都能对教育的发展产生很大的影响。互联网有让很多人倾听、回应及发言的功能，这意味着人们可以通过一对一的网络视频课程来满足自己的要求，从而有利于帮助学校的教师改革自己的教学方法和模式，更多地发挥网络信息处理的功能，让学生进行自主性的探究式学习，从而让学生养成自主学习的习惯，并为广大学生营造一个交流讨论式、探究式的良好学习环境。当然，从互联网的其他功能特点来看，其信息交换和处理的效率很高也就意味着给教学带来更多的便利，节约了教师们的备课时间，也能让学生在课外通过自学学习到更多的知识。

三、传统教育体系无法满足需求

现阶段，我国的教育体系还存在一定的不足，不能完全满足市场对人才发展的需求；同时，现在的教育行业还存在政策监管不到位的问题。互联网的发展对教育行业的发展起到了一定的促进作用，互联网技术与教育的融合弥补了传统教育体系的不足之处，同时给教育的发展提供了良好的环境。在这样的大背景之下，在线教育也得到了很大的发展。

第二节　互联网作用下的教育新格局

一、传统教育与互联网的融合

传统教育有很多的不足之处，在现今"互联网+"的背景下，要促进传统教育与互联网技术的相互融合，这一相互融合并不是互相取代的意思，而是在教育中加入了互联网的因素，不会改变教育的本质，也不会完全取代传统教育对人们的特殊意义。从互联网和教育的关系来看，互联网能对教育的发展起到辅助作用，而教育的发展也可以使得学习互联网技术的人数量增多，推动互联网的不断普及，二者是相辅相成的。从真正的融合来看，不是谁取代谁，而是互联网作为一种技术进入教育行业，让教育行业在各个方面有较大的发展。现在是网络的时代，很多事物的发展都打上了互联网的烙印。互联网对人们的生活方式、生存方式及工作方式都产生了很大的影响，它让人们的生活更方便，让世界变小，同时也使得人们之间的联系更加便捷。但是，也应该看到，由于互联网技术的发展，社会上人们的关系变得更加冷漠，很多人宁愿在网上聊天也不愿意在现实生活中约出来一起面对面地聊天。

面对教育与互联网融合的趋势应该加大对教育对象的关注度。现阶段互联网的用户大多是年轻人，更偏重于 1980 年以后出生的人们，80 后是社会的主力军，也是互联网的主要用户之一；90 后和 00 后群体，一个成长和发展于互联网事业发展的黄金时期，一个就是在互联网世界中出生，很早就接触了网络。相对于老一辈人来说，他们更容易接受网络这种新事物；而老一辈的人们相对于网络来说，更加喜欢通过读书、看报等方式来接触外界信息。新时代的人们接触的是网络世界，喜欢微博、贴吧及各种论坛，他们更加习惯于通过互联网来获取自己所需要的信息。事实上，通过互联网，查阅和搜集信息的速度更快，效率也更高，因此在网络时代，年轻人也更容易接受"互联网＋教育"的教学模式。现在大多数学校都是采用多媒体教学，这样不仅教师备课非常方便，学生学习也更加便捷，有不懂的知识点，学生在课后可以备份教师的 PPT 进行课后的自主学习，或者在家里通过一些自学 App 搜寻不懂的题目，这样一来，就可以很好地发挥网络的作用。

因此，从各个角度来看，国家都应该重视互联网对教育的影响，对学生的发展和成长的重要作用，一些忽视及轻视互联网对教育行业作用的行为都是不正确的，也是不科学的。时代的发展需要教育也不断跟上步伐，一个国家的发展，还是要看这个国家的国民素质，而国家的国民素质归根结底还是要看教育。教育的好坏决定了一个国家在世界之林能否站稳脚跟，决定了这个国家的未来，因此，是否重视互联网对教育的作用是衡量国家的未来发展好坏的重要标准之一。

"互联网＋教育"与传统教育之间，二者的关系是复杂的，既不是一种简单的重叠的关系，也不是一对一替代的关系，二者之间是相对的，不是绝对对立的关系。从一些相关的新闻可以看到，一些落后地区在引进了互联网技术之后，极大地发展了该地区的经济，同时也促进了该地区教育事业的发展，学校教学也在互联网的影响之下进行改革和调整，不断完善教学方式，改革教学模式，提高教学效率，并进一步提高了学校的教学质量。这些相关的新闻也表明，互联网与教育融合的进程中，正在对传统教育产生一定的冲击，同时也促进了新的教育教学方式的产生。

而教育层面的"互联网＋"也更应该关注和看到那些教育不发达的地区，那些地区的学校对互联网的了解还比较少，距离人们现代生活的距离还比较远。2015 年，针对这种情况，中国政府网发布了与教育直接相关的一个政策，提出要在 2018 年之前全部完成教育薄弱地区的学校改革工作。这一条文就意味着，很多不发达地区的学校都将不断地得到政策上的支持，并有机会引进互联网技术，促进学校进行改革和完善，适应未来社会的挑战。从这一政策也可以看出来，政府还是非常关注一些教育薄弱地区的教育工作，且还会不断地促进该地区的教育实现更好的发展。而教育"互联网＋"也更加不能忘记这些地区，应该发挥互联网的作用，为这些地区的教育发展发挥传播、分享等作用，让这些学校也能提高自己的教育教学水平。

要推动教育"互联网＋"的进程，国家需要做的事情还有很多。首先，在政策方面，国家应该给予互联网和教育相融合一些政策上的倾斜；其次，教育行政部门等应该重视"互联网＋"与教育行业的密切关系，要不断支持学校在与互联网的相互融合之下的教育教学改革创新；再次，学校的决策层也应该支持学校老师在互联网的基础之上进行教育教学创新；最后，从媒体的角度来看，媒体应该多传播一些正能量的信息，给予互联网和教育行业的融合一些关注、支持和鼓励。只有这样融合多方面的努力，才能真正地推动互联网与传统教学的相互融合。

二、多样化的教学模式

传统教学方式主要是指学生在教室里听老师讲课，并获取知识，也可以在课堂中与老师进行一定的交流与互动。随着互联网技术的快速发展，这种传统的教学模式也将不断改革，以互联网技术为基础的新的教育教学模式将产生并进一步得到发展。

教学模式是教学的重要组成部分之一，在对学生进行教学的过程中有着重要的作用，而对教学模式进行改革也就意味着整个教学将会发生很大的改变，互联网的优势在教学中的优势是显而易见的。如何更好地发挥互联网的作用，让"互联网＋教育"超越传统的教育教学方法和模式，还需要"互联网＋教育"进行重新地解释和重构，进而建立一整套新的教育教学模式，可能这种教学模式与传统模式会有很多不同，但不变的是，这种新的教学模式能发挥更大的作用，能提高学生学习的积极性，能够更好地满足学生各方面的需求，为学生提供更好的教学体验。这同样也是"互联网＋"下的教育教学模式发展的目标所在。其中比较常见的教学模式包括：多媒体课堂教学模式、基于计算机网络的讲授型模式、基于计算机网络的个别化教学模式、4A 学习模式、讨论学习模式等。

教学模式是教学复杂过程的抽象，是在一定的教育思想指导下，在某种教学环境和资源的支持下，对教学诸要素所设计的较为稳定的教学组合方式及活动顺序。"互联网＋"下的多样化的教学模式主要有以下五种。

1. 多媒体课堂教学模式

现在的多媒体课堂教学模式主要指的是在传统课堂教学的基础之上，加入互联网技术，主要是通过计算机、投影仪的方式进行课堂教学。教师事先备好课，并将课程的内容做好 PPT，通过计算机和投影仪在课堂教学中体现出来，给学生良好的教学体验。教师在进行课件制作的时候，可以参考网上的相关资料，同时根据教学目标加入自己的相关备课知识，并制定教学策略，对教学的整个流程进行设计，在教学的过程中，通过精美的 PPT 展示再结合教师声情并茂的讲解，让学生获得更多的知识。同时，通过 PPT，学生能够对知识点有比较清楚的认识，而且一节课内容已经融合在教学课件当中，学生可以在课后对课件进行复制，课后进行自主学习。此外，通过多媒体教学也可以避免让教师书写太多的板书，所有的知识点已经在课件之中，可以提高课堂的教学效率。

2. 以计算机为基础的讲授型模式

这种教学模式是在互联网时代下发展起来的一种新的教育教学模式，因为互联网在处理和交换信息上可以不受时间和空间的限制，所以这种模式就是发挥互联网在这方面的优势。在教学开始之前，教师可以将自己要讲授的内容事先准备好，然后将其存储进计算机当中，在讲授的时候，教师既可以通过计算机传递出丰富的教学信息，同时也可以在讲述的时候，将所有的知识点讲得很全面。这种方式可以同时满足学生的视觉感受和听觉感受，让学生对学习的相关知识点了解得更加透彻。还有一种方式是现在所说的视频教学形式，教师可能并不出现在课堂之上，通过在课堂上播放教师准备的教学视频，让学生进行自主学习。当遇到一些不懂的知识点的时候，学生可以给教师发邮件，而教师也可以通过邮件对问题进行解答，这种方式不会受到时间和空间的限制，有利于促进学生进行自主学习，不断锻炼学生自主学习的能力；而且，学生可以按照自己学习时间的安排及学习的兴趣点来进行学习，不会受到章节的限制，还可以控制自己的学习进度。

3. 讨论性的学习模式

通过计算机网络也可以开展讨论形式的学习模式，这种模式主要通过一种电子布告牌系统来实现，这一系统具备了用户管理、文章讨论、用户留言、实时讨论、电子信件等功能。学生能够在这一系统里面找到自己所需要的版块，并在其中与其他一些有类似问题的学生或者教师进行讨论。学生可以针对自己遇到的问题，在相关的版块中发帖，并与其他人进行交流和学习。随着互联网技术的发展，能让学生进行交流学习的媒介也越来越多，除了学习论坛之外，还有贴吧、学习交流的手机 App 等，时代在不断地发展和进步，也将带来更多的惊喜。

4. 以计算机为基础的个别化教学模式

自古以来，就一直强调教学中教师要做到因材施教，但是因为诸多条件的限制，传统的教学模式还存在很多不足，难以满足学生个别化的需求。现在，随着互联网技术的发展，这一教学目标能得到更好的实现。以计算机为基础的个别化的教学模式中，学生的学习不会受到时间和空间的限制，可以在家中、图书馆、教室或者其他的任何地方，利用自己已经掌握的各种学习资料，包括纸质资料，也包括一些视频资料和其他资料进行学习。在这一学习过程中，教师并不需要直接向学生传递知识，只需要通过间接的方式，如制作多媒体课件、编制教材等，给学生提供更多更优质的学习资源。这种学习模式中，学生可以根据自己的学习兴趣，在自己喜欢的场所进行学习，能加强学生的学习主动性并让学生养成一定的学习自觉性。

5. 计算机支持合作学习模式

这种模式是指有共同学习目的的学习者，利用计算机网络技术围绕相同的学习主题进行合作，可以针对课堂教学中一些难以理解的地方，进行相互讨论和学习，同时也可以共同合作完成一个以小组为单位的课程作业。在这种教学模式中，教师起到的作用主要是根据教学目标安排教学方案，并进行网上教学，后期进行作业的修改及评估学生的成绩和表现；而学生可以自主选择自己学习还是以小组合作的方式来进行学习，教师要充分尊重学生的想法和意见。在合作的学习模式中，主要说的是学生们团体间的合作学习。在学习的过程中，学生也可以成为同学的小老师，在帮助同学的过程中能体现自己价值，这样可以提高学生学习的积极性，让自己能更深入地进行学习。

总的来说，实际教学的过程中，教师采取的计算机技术与教学结合在一起的教学模式是多种多样的，根据学生的需求，可以对多种教学模式进行整合，在一节课中一起使用。

三、以学习者为中心的教育

以学习者为中心与以教师为中心应相互对应，是指在教学过程中贯彻以人为本的教育理念，根据学习者的知识储备、心智特点等进行有针对性的教学。在传统的以教师为中心的授课形式中，教师是教学的核心，学生被当作知识灌输的对象，授课内容、授课方式等完全由教师决定，无论学生的实际情况如何，教师总是以同一种模式，把认为必要的知识传授给千差万别、各具特点的学生。在这种教学模式中，学生的主观能动性被忽视，学生必须被动地适应教师，因而学习兴趣低下，学习效果不佳，逐渐失去学习兴趣。总体来说，传统的教学模式忽视了学生的个性，严重影响了教学效果。

以学习者为中心的教学模式是对人本主义的理性回归，是在对传统教学模式进行深刻反思的基础上发展起来的。学习者在学习中是单个个体而不是群体，教师从事的不应是大众教育而是个体教育，而作为个体，每个学习者都有差异化的价值观，以个人惯有的速度成长，他们有自己偏好的学习风格、学习模式及学习速度，各自不同的理想和目标也决定了他们的不同动机。充分尊重学生的个性，根据学生的特点因材施教，这恰恰是以学习者为中心的教学理念核心。

互联网教育在一定程度上改变了传统教学模式中以教师为中心的形式，并向以学生为中心的方向发展，一切从学习者的实际出发，教师与学生、学习资料等之间的关系也都是以学习者为中心的互动关系，教师能够为学生提供全面的服务，让学生学习到更多的知识。教师给学生进行教学的时候，不应该是一味进行知识的灌输，而应该根据学生的需求，以及院校对学生的发展需求，再结合课程目标，进行科学的教学设计。同时，教师在教学的过程中也要注意发挥学生的自主学习意识，不应该让学生养成单向地接受知识的不良习惯，应该让学生多思考、多创新，并正确地认识自己。教师还应该转变自己的角色，应该更多地发挥其作为学生的服务者和引导者的作用。此外，随着学生个性化的学习需求不断增强，通过互联网学生可以接触到很多自己想要学习的知识，但是教师也应该看到互联网上有一些不利于青少年发展的信息。因此，教师应该全面地监督学生的自学行为，给学生提供更安全的信息来源渠道；还要全面了解学生的学习特点，进行有针对性的教学，激励学生进行自主学习，同时通过多种途径提高学生学习的效率，只有这样，才能真正实现因材施教。

四、教育娱乐化

兴趣是影响学生学习的自觉性和积极性的最直接因素，同时也是学生学习最强大的动力。在传统的教学模式下，往往是教师满堂灌，教师讲得头头是道，学生却听得索然无味、昏昏欲睡。互联网教育会让学生的学习更加方便，同时感觉到更加快乐，只有心情快乐，才能快乐学习。而要让学生的学习过程更加快乐首先可以将枯燥的知识点趣味化，可以通过小视频或者精美的图片增加学生的学习兴趣。现阶段很多人在研究游戏学习方法，即让学生在游戏的过程中学习到知识，这样一来，学生就能更自觉地进行学习。互联网技术给学生提供了更多将知识趣味化的途径，有关趣味化学习的例子有很多，它们以激发学生学习兴趣为目的，将索然无味的内容趣味化，同时在教学过程中能够很好地启发和引导学生进行自主地、创造性地学习，不断探索和形成新的知识和技能。

1. 中大网校课程

中大网校隶属于中大英才（北京）背景网络教育科技有限公司，该公司成立以来就借助互联网商务发展的优势，运用领先的模式和先进的管理经验及强大的资源优势，打造我国最大的职业教育增值信息平台，中大网校推出的一系列网络课程，采用先进的流媒体形式和高效的视频制作技术，让学生有亲临的感觉，可以同步实现在线听课、做题和练习。中大网校职业课程的趣味性就表现在职业培养的针对性上，如会计师培养、测量师培养、商务英语人才培养等，都由专业的实践教师或高职专业的在校教师讲解，可以将复杂的课程内容整合成学生便于理解的教学步骤，以专业性和生活发展相互连接的方式激发职业型学生的学习动力，使学生有往下学习的兴趣和动力。学习本身应是快乐的，趣味化学习是一种创新的教学方式，能够提升学生对知识的求知欲，激发学生的创新思维，培养学生的创新意识。

2. "五分钟课程网"微课平台

互联网教育研究院开发的"五分钟课程网"微课平台，采用简洁的界面、幽默诙谐的语言、形象有趣的动画，将难以理解的知识变得生动形象，使学习者通过动画能快速学习在线知识。里面的微课课程都是介绍一些较为技术性和实用性的知识，如五分钟教你商务贸易在线操作、五分钟教你学会五线谱等微课课程，可以充分满足学生碎片化学习的要求。这些微课具有以下特点：简单明了的界面让学习者舒适地观看学习内容，幽默诙谐的言语加深学生的记忆，利用当前社会较为流行的口语阐述知识点，不仅能加深学生对知识点的理解，学生还能通过流行口语传播知识，增强对知识点的记忆。

3. EduSoho 网络课堂

这是杭州阔知网络科技公司推出的一款基于 PHP 技术的企业级在线教育网站系统，可以帮助用户轻松地在互联网上开展教学和学习活动，提供在线教学、云视频点播、直播、移动 App 等多种功能；可以充分满足职业院校学生的职业技能学习，与企业的发展和人才需求相互对接；支持视频、图文、音频和 PPT 四种课程类型，是慕课平台的代表。学生可以根据自己的需求选择不同类型的课程，提升学生参与课程学习的积极性，体现在线学习的趣味性特征。此外，该平台还可以进行可视化课时顺序调整，可以快速准确地调整课时结构，让学生能够根据自己学习的进度调整课时学习安排，增强学生适用性。学习完成后，该平台还有笔记、问答、资料和检测四种工具供学生使用，学生在课程学习、课后做题的一系列操作中，完成自己的学习任务，激发学习的兴趣和热情。对于实用性技能需求较强的职业院校学生而言，此网络课堂更是可以根据学生的需求，提供在线的企业工作技术指导课程，学生就好像亲临现场一般，在身临其境中，加强自己专业技能的学习。

五、免费教育平台的搭建

要实现社会公平，最基本的就是要实现教育的公平。互联网教育不受时间和空间的限制，覆盖面比较大，涉及的方面也比较多，从不同学校到不同地区再到不同国家，互联网都在发挥重要的作用。网络视频学习将很多信息传播到了网上，让更多的学生有机会进行学习；课程学习也让学生能够有机会通过反复巩固教学资源不断提高学习效果，能促进师生之间的良好沟通。互联网的发展促进了全球范围内的优质资源的平等共享，为广大学生打造了一个拥有很多优质课程的平台，能够让学生在良好的学习氛围中进行学习，同时加强自学的意识和能力，促使学生在与他人的互动中学到更多的知识，实现自己的价值。

如今，只要接入互联网，无论是身处著名学校，还是在偏远的小山沟，都能依靠互联网学习，传道授业打破了空间限制，教育公平逐步变成现实。2 000 多年前，孔子杏坛讲学，口口相传，完全依赖于老师。1 000 多年前，活字印刷术迅速发展，文字典籍大量复制，师生得以初步分离。到今天互联网技术的发展，已经打破了时间和地点的限制，教师和学生不必局限在特定的时间和地域进行教学和学习，就算是偏远地区只要有网络也可以共享学习资源。

六、教育的大数据应用

现阶段，互联网不断得到普及，很多通过互联网进行的教学都可以通过网络教学系统得以记录下来，相关学者能够有机会对教育相关数据进行一定的分析，从而了解现阶段教学过程中教师和学生所遇到的问题，并有机会通过相关措施改革教师的教学方式，从而提高教学质量，给学生以更好的教学体验。具体来说，首先，可以根据教师设置的相关数据来分析每一个学生的学习情况、学习过程中所遇到的问题及学习的结果。这样可以使教师更多地了解学生，从而真正做到因材施教，为学生制订个性化的学习计划。其次，通过数据分析，能够在教学过程中更好地监督和管理学生，当一些学生表现出学习上缺乏一定主观能动性的时候，教师就可以采取相应的措施，在课堂上多注意该生情况，并激励他主动进行学习，提高其课堂参与度。再次，通过对学生的学习过程、学习行为和学习结果进行数据分析，可以准确看出教师的课堂教学设计中存在的一些问题，发现问题之后，就可以改正问题，从而不断完善教学设计。最后，未来大数据技术还将有新的突破，在数据库、人工智能等技术上会有所提升，教育大数据能够更多地促进课堂教学的发展，为其创造更多的价值。

七、互联网教育实现社会认证

在互联网教学模式之下，人们希望能在网上获得相关的证书，这样一来其学习的过程也就具有了意义。在未来，随着互联网技术的发展，人们在网上学习将有可能获得相应的证书。

第三节 "互联网+"给教育带来的机遇和挑战

教育对人类社会的发展具有重要意义，伴随着人类的发展而不断发展。在古代奴隶制社会，学校教育诞生，人类早在发展的过程中就发现教育的重要性，随着社会的发展，教育不断地被继承和发扬。虽然教育的发展与人类社会的政治经济发展情况并不是完全一致的，教育的发展具有其独立性，但是总的来说，人类社会经济的发展必定会带动教育的发展。从逻辑上来看，教育的发展程度应该超过人类社会的政治经济发展，这是由于教育的重要性和周期长的特性所决定的。但是，从现实的发展情况来看，现阶段教育的发展是落后于社会经济的发展程度的，这种问题的主要原因在于教育的发展会受到社会经济发展的制约，并不能完全实现其发展需求，尤其在科学技术不断发展的背景下，科学技术在促进教育发展的过程中，在特殊情况下也会制约教育的发展。

一、"互联网+"给教育带来的机遇

"互联网+"是一种社会发展的新形态，给我国教育事业的发展带来了便利和很大的机遇，是过去的生产力水平无法提供的。从微观的角度来看，"互联网+"让学生学习课程的方式、教师的教学、教学评价等都发生了很大的

改变，同时，在"互联网＋"时代背景下，教育更加公平，学生能进行自主学习，并且学生的学习不再受到时间和空间的限制。此外，从教育学的角度来看，"互联网＋"技术发展同样给我国教育事业的发展带来了很多机遇，主要体现在以下五个方面。

1. 教育更进一步地实现了个性化

"互联网＋"的技术首先给我国教育事业带来的机遇就是教育的个性化程度不断加深，由于现阶段大数据技术及学习分析技术的发展速度不断加快，"互联网＋"时代之下，教育能够发挥互联网大数据的作用，促进互联网教育事业的个性化发展。另外，随着这些技术的发展，教育获得了更多的发展机会和发展空间。当今有一些教育技术公司就针对学生个别化的发展需求，制定了满足学生需要的一些网络系统及网络电子学习产品。这种发展也是互联网发展给教育事业的发展带来机遇的表现，在未来市场发展的过程中，将"互联网＋"与教育事业的发展相结合还将有更多的创新。

现阶段，我们生活在"互联网＋"的时代下，能够通过在线教育课程快速及时地收集到很多有用的信息，能够改善学生的学习方法，提高学生的学习能力。同时，还可以通过搜集学生学习的相关数据，掌握学生的学习特点，并通过了解学生看视频的时间长度、看视频跨度、做题的正确率等来了解学生的具体学习情况。此外，"互联网＋"给我国的学校教育也带来了个性化的机遇，能让学生更好地适应学习，提高自己适应学习的能力，因为互联网技术给学生提供了很好的学习环境，能够让学生有机会进行自主学习，最终提高自己的自主学习、解决问题的能力。从另一个角度来看，在"互联网＋"的时代下，通过大数据分析能够更好地了解学生的学习特点，分析学习的整个过程并了解学习的结果，从而促使教师完善教学设计，开展一些促进学生自主学习的教学活动。

2. 教育能突破空时间和空间的限制

互联网最重要的一个功能就是能让学生的学习突破时间和空间限制，这同时也是"互联网+"给教育事业带来的重大机遇，让学生能够有随时进行学习的机会，并能够在一定程度上促进社会公平，缩小现阶段由于贫富差距所造成的教育差距。

3. 教育模式变得更多元

"互联网+"带给我国教育的第三个重大机遇是让教育突破了传统模式的有形限制，使教育模式更多元，教育产业链更加延伸、完整与细化。众所周知，传统的教育模式是基于实体学校的；但在"互联网+"时代，云端学校、移动学校等虚拟学校如雨后春笋般出现，尤其是慕课的蓬勃发展对传统的教育模式构成强大冲击，一批教育教学质量差的高等教育实体学校迟早会面临严峻的生存危机，甚至倒闭。

虚拟大学是近年来高等教育界的流行词，是指运用虚拟技术，创办在互联网上的、不消耗现实教育资源和能量的，并且有现实大学特征和功能的一个办学实体。随着今天"互联网+"时代局域网、区域网、信息通信技术等的日益发达，国际互联网的使用已相当普及，虚拟图书馆、虚拟实验室和虚拟校园也取得非常显著的进展。借助互联网，虚拟大学的教学硬件是虚拟的、教学过程是网络的、教材是多媒体的、教学管理是遥控的、学生成才是个性化的，虚拟大学突破了传统实体大学的教育模式。创办于 1976 年的美国凤凰城大学就是一所非常典型的虚拟大学，该大学提供在线学院、系、班级、课程、项目、学分与学位，无疑是"互联网+"让高等教育模式多元化的一个典型代表。

4. 加快终身教育的实现和学习化社会的构建

在"互联网+"时代，由于网络技术的发展，使用网络不再受时间地点的限制，人们只要手机在身，随时随地可以做任何事情。传统的网络由于大型、固定，使用时受到一定的条件和地点的限制，人们总是围着网络转；今天的"互联网+"时代，平板电脑等通信工具的微型化，使得人们与互联网形影相随，出现了"网络围着人转"的现象。人们随时可以学习，可以接受教育，在学习化社会里，教学就变成了教育，并逐渐变成了学习。随着"互联网＋教育"的发展，一个全民皆学的学习化社会将会出现。

5. 教育生态变革更多样

"互联网＋"对教育生态也会产生一定的影响，在不断影响的过程中可能促使教育生态进行重构。从一般意义上来讲，教育生态的含义主要是指教育的主要形式已经制度化。随着互联网技术的快速发展，现阶段的教育形式也在不断地发生改变，越来越多样化的教育形式让教育的制度体系灵活度也不断提高。从教育的形式来看，互联网技术发展下的教育形式包括三种：一是实体学校；二是虚拟学校；三是实体和虚拟学校的集合。同时学生的学习方式也包括了在学校上学、在家上学及在任何地方进行自主学习。就目前的情况来说，很多世界名校的课程都可以通过网络进行学习，但是网络课程肯定没有实体课程那么灵活及生动，因此，实体学校并不会消失。

"互联网＋"给人们的教育带来很多机遇，给教育生态也带来了一定的变革，而教育生态变革的内容包括了教育制度改革。这种改革的内容是指学生能够在互联网背景下不再受到一些传统教学制度的限制，能够通过网上学习来积累学分，满足学校对学生的要求。采取这样的方式，能够促使学生进行自主学习。

二、"互联网＋"给教育带来的挑战

事物的发展是具有双面性的，一个事物的发展能够给人们带来一定的利益，同时也会给人们的生活带来一定的弊端，这是马克思辩证唯物主义告诉我们的道理。互联网对教育行业的作用也是一样的，互联网给教育事业在带来一定的机遇的同时，也会带来一定的挑战，因为"互联网＋"也是一把双刃剑，如果处理不好也不利于我国的教育事业的发展。有相关学者认为，在"互联网＋"时代下，"互联网＋教育"模式会完全地取代旧的教育模式，促使教育的封闭性减少甚至没有，慢慢走向开放，教育的改革和重组及自我更新的能力会不断增强。另外，互联网的发展，也会导致教育最基础的功能也就是育人功能弱化，学生通过网上自学就会减少教师的授课，同时互联网的信息量是比较大的，巨大的信息量会让学生面临很大的挑战。对于互联网的作用，要做到扬长避短，趋利避害，尽可能地发挥互联网的优势作用，同时减少其对教育的不利影响。"互联网＋"给我国教育带来的挑战有以下七个方面。

1. 师生关系、同学关系变得疏远

首先，"互联网＋"对我国教育的影响体现在它其使得师生之间、同学之间关系变得淡漠疏离。教育中，师生之间、同学之间的关系是非常重要的，随着互联网技术的发展，学生的学习不再受到时间和空间的限制，主要以独立学习为主，这样一来就会导致其不能像传统的教育一样，同学们都坐在教室里面听老师讲课，并且下课的时候，同学之间也能进行一定的情感沟通。

2. 教育变得"肤浅化"和"快餐化"

在"互联网＋"的影响下，现在的教育不再像以前那样正规，教育变得肤浅，且变成一种谁都可以学习的快餐。一般来说，教育具备了传承、传递和传播知识的功能，具有一定的育人作用。通过师生之间面对面的交流和沟通，学生能够获得知识的启发，并且更进一步地了解和认识世界，形成正确的价值观。在高等教育中，理想的状态即是教师带领学生一起成长一起学习知识。然而，在"互联网＋"的影响下，教育变成了一种经济产业，传统的教育理念及内涵正在丧失，教育变得非常的非正式化，学生在学习上也更加粗心，只是单纯地为了某个目标，而不是细致地研究。

3. 高等教育被技术控制甚至奴役

现阶段，不管人们是否愿意或者是否知情，都在无形之中受到互联网的影响，对于年轻一代来说，如果离开了电脑和手机，就会感觉到无所适从，这主要是因为人们习惯了生活中有网络存在。现阶段高等教育被互联网影响的程度也很深，有严重依赖互联网并且受到互联网控制的征兆。在高等教育加入"互联网＋"之后，资料的搜集变得简单，论文及作业的完成也变得非常容易和简单，学生在课堂上也可以使用电脑，边听课边学习，他们变得不太爱做笔记，而是更多地通过手机录像、拍照的方式来记录教师所讲述的重点内容，下课的时候一些根本没有听课的学生就会拷贝教师的PPT，为了以后的考试做准备，有时候学生回家了也并不一定会进行复习。互联网也会导致教师的备课不再像以前那样细致，一些教师完全拷贝网上的资源进行授课，或者一节课的时间都进行视频教学，这样也不利于学生的发展。传统教育中有很多东西值得继承，不能完全弃掉，比如，学生做课堂笔记这种学习方式应该长期保留。

4. 高校倒闭、重组、改造、升级的现象增多

"互联网+"对教育事业发展的影响也主要体现在对高校的影响上，这一原因主要在于，一些高校学生的自学能力比较差，需要教师进行指导。但是现阶段从互联网对高校的影响上来看，主要体现在促使高校之间的竞争不断增强，一些教学质量较差的高校因为无法适应互联网技术时代而导致直接破产。一些教育企业在选择高校的时候，也是看其网络化的教学能力，这也是互联网给教育带来的挑战。一些比较差的学校如果无法适应挑战就会遭到社会的淘汰，只有真正能根据社会的发展制定相应的政策，不断改革教学模式的学校才能获得重生，获得更好的发展。

5. 传统的教育目的、教育方式受到挑战

我国的教育目的是培养德、智、体、美、劳全面发展的社会主义建设者和接班人，同时，我国在实现这一目的的过程中，也始终坚持教育要与生产力发展水平相结合的原则，在开展教育的时候非常注重培养学生的创新精神及实践能力，只有这样才能培养出适应时代进步和发展的学生。随着互联网技术的发展，一些传统的产业无法适应社会的发展，正面临着改革和升级，新的产业不断地涌现出来，人们的价值观也受到了一定的冲击，社会日新月异的变化，人们今天所确信的东西，明天就有可能完全改变，社会的发展中也存在着很多不确定的事物，网络上的信息也具有一定的复杂性，并不能够完全相信。因此，要尽可能地保障学生获得正确的信息，这是所有将互联网与教育事业结合在一起发展的相关企业及学校需要注意的事情，因为只有让

学生获得准确的信息，不断提高学生辨别错误信息的能力，才能真正发挥互联网的作用，达成社会教育的目标，为社会培养出具有选择判断能力及收集、分析、表达和分享信息能力的学生，适应社会发展的需要。

随着互联网的不断发展，知识的更新换代的速度也在不断加快，这也促使学生的学习方式变得更加自由和多样化。要改变学校教育中"课本＋黑板＋粉笔＋灌输"的教学程序，充分利用"互联网＋"技术，建设数字化校园、数字化课堂、数字化师生交流方式及数字化教师与家长沟通网络，真正实现学生是意义建构的主动者和主体，积极建构教师指导下以学习者为中心、强调学习者主体作用的教学模式与教学方式，充分利用各种信息技术手段，实现"互联网为用、教育为本"，实现学生的最大发展。

6. 社会主义核心价值观面临挑战

"互联网＋"具有开放性的特点，同时也具有虚拟性和即时性的特点，通过互联网储存的信息量一般比较大，且呈现碎片化的状态。互联网具有很大的融合性，能够将全球范围内的各种文化信息完美地融合在一起。通过互联网，可以扩大青少年的视野，让其不再局限在一件事情上面，有更高的眼光和更宽的视角。此外，学生能够在互联网上获得正确的科学知识和信息，促进自身的健康成长。但是，互联网上的信息并不完全都是健康的，因为网络信息传播渠道的不断增多，直接造成信息的复杂性和多样性增加，因此，也要看到一些信息的负面作用，要正确地发现和寻找有用信息，以满足自己的需求。面对互联网这个信息大染缸，我国教育还要培养具备辨别能力及选择能力，拥有正确价值观的学生，使其适应社会多元文化共存的环境，同时也要帮助学生在利用网络查询信息的时候，提高明辨是非的能力。在平常的教育教学中，教师要开展社会主义核心价值观的教育，帮助学生树立正确的价值观，学生应该具备一定的人生理想，只有具备了人生理想，才能有机会实现自己的目标。一开始可能并不具备任何实现人生理想的条件，但是可以通过不断学习，搜集更多的信息为自己所用，从而不断地提升自己的能力，完善自己的人格，培养正确的价值观。所以，教育要立足本土，应对"互联网＋"

的挑战，创造出一条中国的社会主义核心价值观教育之路。

7. 国家、政府和社会各部门急需提高"互联网＋"服务能力与监管能力

在互联网技术急速发展的时代，很多设备的更新换代及维护都需要更多的资金支持，从这方面来看，政府需要加大政策支持和资金投入。因此，"互联网＋"时代的发展背景对政府的一些服务能力及监管能力都提出了挑战，因为网络的安全也需要相关部门进行严格的监管和控制，网络上的一些信息应该由相关部门首先进行审查。为了防止青少年沉迷于网络游戏而耽误学习，相关部门应该严格执行网吧禁止未成年人进入的相关规定；同时，要不断完善规范互联网的相关法律条文，加强管理，促使互联网变成健康的网络，让人们能够从中获得健康的信息，并且能够安心上网。此外，要剔除一些不利的信息，促进青少年的健康成长。

第三章 "互联网＋"给高等教育带来的机遇与挑战

第一节 "互联网＋教育"的核心与本质

"学校＋教师＋教室"，这是传统教育；"互联网＋移动终端＋学生"，学校任你挑、教师由你选，这是"互联网＋教育"。"互联网＋教育"的结果，将会使未来的一切教与学的活动都围绕互联网进行，教师在互联网上教，学生在互联网上学，信息在互联网上流动，知识在互联网上成形，线下的活动成为线上活动的补充与拓展。

"互联网＋教育"不只是影响创业者，还能提供学习平台帮助求职者实现就业。教育不只是商业，还是一项公益事业，例如，极客学院上线一年多，就用近千门职业技术课程帮助了 80 多万 IT 从业者提高职业技能。

在 2015 年 6 月 14 日举办的"2015 中国互联网＋创新大会"河北峰会上，业界权威专家学者围绕"互联网＋教育"这个中心议题纷纷阐述了自己的观点。学者们认为，"互联网＋教育"不仅不会取代传统教育，而且会让传统教育焕发出新的活力。中国工程院院士李京文表示，中国教育正在迈向 4.0 时代。

其实在"互联网＋"提出之前，互联网教育已经有了多年的发展历史，这表示即使政府不制订"互联网＋"计划，"互联网＋教育"的模式探索与尝试也已经开展，大数据、云计算、互联网等逐渐与教育相结合，教育的形态被"智能"的力量重塑，可以说教育行业已经实现了互联网化。

如今，虽然互联网成为教育变革的一大契机，但是它只是对传统教育的升级，其目的不是去颠覆教育，更不是颠覆当前学校的体制。基于此，"互联网＋教育"的核心和本质就是基于信息技术，实现教育内容的持续更新、教育模式的不断优化、学习方式的连续转变及教育评价的日益多元化。

一、"互联网＋课程"：教育内容的持续更新

"互联网＋课程"，不仅产生了网络课程，更重要的是它让整个学校课程从组织结构到基本内容都发生了巨大变化。正是因为具有海量资源的互联网存在，才使得高等院校各学科课程内容能够全面拓展与更新；能使得适合大学生的诸多前沿知识及时进入课堂，成为学生的精神套餐；使得课程内容艺术化、生活化变成现实。除了对必修课程内容的创新，在互联网的支持下，各类选修课程的开发与应用也变得"天宽地广"，越来越多的学校能够开设上百门特色选修课程，诸多从前想都不敢想的课程如今都成了现实。

二、"互联网＋教学"：教学模式的不断优化

"互联网＋教学"形成了网络教学平台、网络教学系统、网络教学资源、网络教学软件、网络教学视频等诸多全新的概念，不但帮助教师树立了先进的教学理念，改变了课堂教学手段，大大提升了教学素养，还让传统的教学组织形式也发生了革命性的变化。正是因为互联网技术的发展，以"先学后教"为特征的翻转课堂才真正得以实现，教学中的师生互动不再流于形式。互联网使教育完全突破了时空限制，学生几乎可以随时、随地、随心地与同伴沟通，与教师交流。在互联网的天地中，教师的辅助作用得到了提高，教师可以通过移动终端，即时地给予学生点拨指导；同时，教师不再"居高临下"地灌输知识，更多的是提供资源链接，激发学生学习的兴趣，进行思维

的引领。由于随时可以通过互联网将教学的"触角"伸向任何一个领域的任何一个角落，甚至可以与远在千里之外的各行各业名家、能手进行即时视频聊天，因此，教师的课堂教学变得更为自如，手段更为丰富。当学生在课堂上能够获得他们想要的知识，能够见到自己仰慕的人物，能够通过形象的画面和声音解开心中的各种疑惑，可以想象他们对于这一学科的喜爱将是无以复加的。

三、"互联网＋学习"：学习方式的连续转变

"互联网＋学习"代表的是学生学习观念与行为方式的转变。通过互联网，学生学习的主观能动性得到加强，他们在互联网世界中寻找到学习的需求与价值，寻找到不需要死记硬背的高效学习方式，寻找到可以解开诸多学习疑惑的答案。研究性学习倡导了多年，一直没能在高校真正得以应用和推广，原因就在于它受制于研究的指导者、研究的场地、研究的资源、研究的财力物力等，但随着互联网技术的发展，这些问题基本上都能迎刃而解。在网络的天地里，对于研究对象学生可以轻松地进行全面、多角度的观察，可以对相识的人或陌生的人群做大规模调研，甚至可以进行虚拟的科学实验。只有当互联网技术成为学生手中的"利器"，学生才能真正确立主体地位，摆脱学习的被动感；自主学习才能从口号变为实际行动；大多数学生才有能力在互联网世界中探索知识、发现问题，寻找解决的途径。"互联网＋学习"对于教师的影响同样是巨大的，教师远程培训的兴起完全基于互联网技术的发展，而教师终身学习的理念也在互联网世界里变得现实，对于多数使用互联网的教师来说，他们十分清楚自己曾经拥有的知识是以怎样的速度在锐减老化，也真正懂得"弟子不必不如师，师不必贤于弟子"的道理。互联网不但改变着教师的教学态度和技能，同样也改变了教师的学习态度和方法，教师不再俯视学生，而是真正蹲下身子与学生对话，成为学生的合作伙伴与学生共同进行探究式学习。

四、"互联网＋评价"：教育评价的日益多元

"互联网＋评价"还有另外一个名字，即网评。在教育领域里，网评已经成为现代教育教学管理工作的重要手段。学生通过网络平台，可以给教师的教育教学打分，教师通过网络途径可以给教育行政部门及领导打分，而行政机构通过网络大数据也可以对不同的学校、教师的教育教学活动及时进行相应的评价与监控，以确保每个学校、教师都能获得良性发展。换句话说，在"互联网＋"时代，教育领域里的每个人都是评价的主体，也是被评价的对象，而社会各阶层也将更容易通过网络介入对教育进行评价。此外，"互联网＋评价"改变的不仅是上述评价的方式，也改变了评价的内容和标准。例如，在传统教育教学体制下，教师的教育教学水平基本由学生的成绩来体现，而在"互联网＋"时代，教师的信息组织与整合、教师教育教学研究成果的转化、教师积累的经验通过互联网获得共享的程度等，都将成为教师考评的重要指标。

总之，随着"互联网＋"时代的正式到来，教育工作者只有顺应这一时代变革，持续不断地进行革命性的创造变化，才能走向新的境界和高度。

第二节 "互联网＋"给高等教育带来的机遇

随着工业社会向信息社会的转型过渡，国际化和信息化已经成为高等教育发展的必然趋势。特别是"互联网＋"时代的到来，以及最近几年大规模公开在线课程的广泛兴起，正在引发世界范围内高等教育格局的变革。在这种背景下，中国高等教育的发展方式正在全面转型，而这种转型也给中国大学教育带来了更多的机遇。

一、"互联网＋"让大学教育从封闭走向开放

"互联网＋"打破了权威对知识的垄断，让教育从封闭走向开放，使得优

质的教育资源不再局限于少数名校之中，人们不分国界、不分老幼都可以通过网络接触到最优质的教育资源。在全球开放的时代下，正在加速形成一个基于全球性的知识库，通过互联网，人们可以随时随地从这个知识库中获取各国、各地区优质的学习资源。

在我国，大学教育的质量具有较大的差距。进入大学之前，虽然城市之间与城乡之间不可避免地会出现师资力量的差距，但是由于总体上大家接受的都是基本一样的标准化教育，相互之间的差距也并不是非常明显。但是大学教育却与之不同，同一个专业在不同的学校所开设的课程是不一样的，培养手法也是不一样的，再加上学校开设课程时间的长短及教师对于课程方面研究的程度、课程解读的不同，都会造成不同的效果。此外，根据国家建设重点院校的政策可知，为了支持学校建设，国家财政性教育经费很大一部分给了985、211工程的学校，而剩余经费才能分入其他院校。

2000—2012年国家财政性教育支出、预算内教育支出虽然在稳步上升，但是与发达国家相比还是具有一定差距。此外，就财政性支出占GDP比重这一项能够影响教育支出的数额来说，我国的支出比重一直都在20%左右。也就是说，随着高校数量的增加，最优质的教育资源都集中在少数的985、211等重点高校中，那些普通院校能够得到的国家支持会越来越少，能够提供的教育质量也会随之下降。但是通过互联网，高校学生能够通过网络接触到985、211等重点高校的教育资源；通过互联网，可以跨地域、跨时间段重复地针对一个知识点进行反复地学习，加深对知识的理解，不至于在短短的45分钟或是一个小时的课堂上强行接收所有的知识点，且担心知识点的遗漏，知识获取的效率大幅提高，也为终身学习的学习型社会建设奠定了坚实的基础。

二、"互联网+"降低了学生接受大学教育的成本

根据国家统计局的调查表明，自从2005年开始，我国家庭中子女的教育支出在家庭可支配收入中占的比重不断增长。大学学费的增长幅度几乎是

居民收入增长幅度的十倍，但是大多数学生，尤其是非热门专业的学生在毕业后却很难得到相应的投资回报。但是"互联网＋"出现后却不一样，"互联网＋教育"使得高校学生能够通过较低的成本得到更优质的教育资源，从而促进更多的学生去主动学习。

互联网极大地放大了优质教育资源的作用和价值，从传统的一个优秀教师只能同时教授几十个学生扩大到能同时教授几千名甚至数万名学生，使得在一堂课中大学教师讲授的面更广。另外，互联网联通一切的特性让跨区域、跨行业、跨时间的合作研究成为可能，这也在很大程度上规避了低水平重复，避免教师一年又一年重复进行教学讲解。

三、"互联网＋"改变了大学教育的教学模式，并加速了教育的自我进化能力

互联网使得教师和学生的界限不再泾渭分明，改变了传统的以教师为中心的授课形式，使其转变成以学生为中心的形式。在"校校通、班班通、人人通"的"互联网＋"时代，学生获取知识的速度已变得非常快捷，师生间知识量的天平并不一定偏向教师，因此，教师必须调整自身定位，让自己成为学生学习的伙伴和引导者。

要做到以学生为中心，就必须强调学生的个性化特征，而互联网中的"用户思维"就是指在价值链的各个环节都要以用户为中心去思考问题，根据用户的需求进行服务。在"互联网＋"时代下，应充分利用大数据来分析学生的特点，准确分析学生的兴趣爱好、认知水平、接受能力等，然后在此基础上进行因材施教。例如，美国亚利桑那州立大学是美国最大的五所"大学城"之一。学校在采取了一个在线教育服务商 Knewton 的"动态适配学习技术"来提高学生的数学水平，在 2 000 名学生通过使用该系统两个学期之后，该学校的辍学率下降了 56%，毕业率从 64%上升到 75%。因此，利用大数据进行学生特性的分析，然后为学生提供相应的教学，这样能够更为有效地提升

学生的学习效果。现在为了满足学生的需要，互联网为学生提供了多种学习模式，如体验式学习、协作式学习、混合学习等。而其中最具特点的是 4A（Anytime、Anywhere、Anyway 和 Anybody）学习模式，即学生可以在任何时间、在任何地点、以任何方式、从任何人那里学习。这也在一定程度上体现了培养学生，尤其是培养大学生自主学习的理念。

传统教育体系中包括教育对象和教育环境两大体系：教育对象指的是学生，而教育环境则包括了学习主体以外的周围事物，如教师、教学内容、教学条件等。在传统的教学系统中，出发点和落脚点在于考试和升学，对于人的发展则关注得相对较少。英国著名教育理论家怀特提出，学生是有血有肉的人，教育的目的是激发和引导他们走上自我发展之路。也就是说，教育的核心是要充分调动人的主体意识，使其在学习、发展过程中变被动为主动，产生积极主动的心理，从而提高自身的认知水平和学习效率；而互联网时代强调的正是主动性和创新性，即通过提升学生的主动性来提升教育的能力。首先，当"互联网＋"进入到现有的教育体系之后，它打破了原有的教育体系的平衡，敲开了教育原本封闭的大门，为传统的教育体系提供了新的知识信息源泉，使得原有的学生子系统能够更为快捷和方便地与外部的大系统进行知识的交互并获取信息，因此推动了自身知识的增长，推动了教育的自我进化能力。其次，互联网的虚拟环境能够为学生创造一个拟真世界，学生能够利用互联网以三维的视角去认知世界、探索世界。陶行知曾经说过，"在劳力上劳心"，这才是创新人才的办学模式。陶行知认为，学习应该是实践与认知相结合的过程，而非沉浸在书本中，但是我国的传统教育却是一味地学习书本知识，甚至是过时的知识，所以才会出现"纸上谈兵"的现象；而在"互联网＋"的时代，学生能够通过网络中的拟真世界进行相应的实践，并随时根据网络信息及时更新知识。例如，学习管理类的学生能够通过网上进行沙盘模拟获得与企业运营相关的知识，以此加强学生的实践操作能力。

随着"互联网＋"时代的来临，大学教育正进入一场基于信息技术的伟大变革中。本章分析了"互联网＋教育"的内涵与特征，认为其核心和本质是基于信息技术实现教育内容的持续更新、教育模式的不断优化、学习方式的连续转变及教育评价的日益多元化。由于大学教育不仅是利用互联网和相关信息技术进行教学方式的创新，而且还包括如何有效利用互联网和相关信息技术提供的平台和空间，这也引发了人们对大学教育本质的再思考。在此基础上，本章探讨了"互联网＋"给中国大学教育带来的机遇和挑战。"互联网＋"打破了权威对知识的垄断，让教育从封闭走向开放，极大地放大了优质教育资源的作用和价值，改变了大学教育的教学模式，并提升了教育的自我进化能力。

"互联网＋"也催生出相关的教育市场，教育要素自发地在国际流动，使中国大学教育面临市场化和国际化的冲击，普通高校面临严重的优质生源危机，大学教育受到了深远的影响。因此，在接下来的章节中，将探讨如何借助互联网在高等教育中产生的越来越广泛而深入的影响，通过提升大学生的研究性学习能力来提升其创新思维与创新能力。

第三节 "互联网＋"给高等教育带来的挑战

进入 21 世纪，随着互联网的广泛应用和普及，以及给人类文明和社会进步带来的巨大冲击，人类的学习方式、学习方法和学习习惯都发生了改变。继 2011 年国家提出要"加快建设一批世界一流大学"之后，2015 年国家又提出"建设世界一流大学和一流学科"这一目标。可以预计，今后很长一段时间里，大学教育都会统筹所有的重点建设经费到这一目标之下，也就是建设世界一流大学和世界一流学科。然而，如何建设世界一流大学和世界一流学科呢？时任加州大学伯克利分校校长的田长霖认为，世界一流大学的重要标志是要有世界一流的科研成果，但不能只看论文发表的数量有多少，最重要的是要在某一个领域真正达到世界一流。由此可见，随着"互联网＋"时代的到来，中国的大学教育必将面对新的挑战。

一、"互联网＋"使中国大学教育面临市场化的冲击

千百年来，大学一直被认为是知识和学习的中心。尽管科技手段带来了巨大的社会变革，如活字印刷机、电报、电话、无线电、电视机、计算机等的发明和使用，但是大学生产、传播知识的功能及评价学生的基本方式一直未变。有一种观点认为，正像那些以信息为核心的产业（如新闻媒体、报纸杂志、百科全书、音乐、动画、电视等）一样，高等教育很容易受到科技的破坏性影响。知识的传播已不再局限于大学校园，云计算、数字课本、移动网络、高质量流式视频、即时信息收集等技术的可供性已将大量知识和信息上传到无固定地点限制的网络上。这一现象正激起人们对现代大学在网络社会中的使命和角色的重新审视。

在上述背景下，新技术催生出相关的教育市场，大规模公开在线课程开始备受人们的关注。2011 年夏，当斯坦福大学计算机科学系教授塞巴斯蒂安·特龙宣布将在网上免费公开自己的秋季课程，并附上课后练习题和随堂小测验后，其选课人数迅速增加。社会公众认为，大规模公开在线课程不仅能充分利用有限的教师资源来教授大量课程，达到教学成果最大化的目的，还可以降低人们求学的经济成本，缓解大学教育面临的经济压力。虽然在线课程让更多人"走进了"课堂，但它依然饱受争议。德尔班科坚称，传统课堂上的教学体验是在线课程无法替代的。另外，他告诉记者，在线课程会催生教育界的"超级巨星"，例如，哈佛大学政治哲学领域教授迈克尔·桑德尔因在网上公开了自己的演讲而声名大噪，随即拥有了数量庞大的追随者，然而，这却给那些没有名气的教授带来了压力，使他们很难在教学中得到安全感。他还对记者表示，如今真正需要思考的是有多少人能从在线课程中获得真才实学。关于"学生是谁""学生的具体问题是什么""怎样有针对性地解决学生的疑问"等问题，都需要教师与学生进行面对面的交流才能寻找答案。

无论是否存在争议，大学教育已经发现竞争对手正在侵蚀自己的传统使命，这些竞争对手包括营利性大学、非营利性学习组织和系列讲座的提供

商，还有为特定行业和职业提供指导和认证服务的大批专业培训中心。相比实体教育机构，它们都能更快捷地提供规模化的网上教学服务。因此，尽管有时受制于财务预算短缺和抵制变革的学术文化的影响，高等教育管理者们仍在努力回应，并着手进行改革。

二、"互联网＋"使中国大学教育面临国际化的冲击

事实上，经济全球化的迅猛发展，使得人力资源和物质资源在世界范围内的跨国、跨地区流动成为新常态。这种资源的流动已经渗透到教育领域，教育要素自发地在国际流动，教育资源自发地寻求优化配置，世界各国间的教育交流日益频繁，竞争更加激烈，并逐渐形成了教育国际化的大趋势。教育国际化既是经济全球化的必然产物，也是各国政府教育战略的重要目标。各国在人才培养目标、教育内容、教育手段和方法的选择上，不仅要以国内社会经济发展的需求为前提，而且还需适应国际产业分工、贸易互补等经济文化交流与合作的新形势。因此，教育国际化的本质归根到底就是在经济全球化、贸易自由化的大背景下，各国都想充分利用国内和国际两个教育市场，优化配置本国的教育资源和要素，抢占世界教育的制高点，培养出在国际上有竞争力的高素质人才，为本国的国家利益服务。

从方法论的角度讲，教育国际化就是用国际视野来把握和发展教育。从各国的教育国际化实践来看，教育要素在国际的流动，最早始于各国高等教育之间，并由此波及中等教育、基础教育、职业教育等领域。教育问题研究专家钟秉林认为，教育领域的人力资源流动就是教师和学生的流动，物质资源流动就是教学资源的流动，如课程、教材、课件等，而这些要素流动的载体，就是各类不同形式的国际教育项目。从全国高校整体情况来看，包括本科、高职和高专，至少 2/3 的高校已经有自己的中外交流或合作办学项目。合作办学就是一个载体，通过这个载体，国际化的课件和教材，都可以流动起来，同时伴随着的是学生和教师的国际流动。更重要的是，随着师生资源和教学资源的流动，必然伴随着教育观念、教学方式、管理方式的跨国流动

与融合。通过教育国际化进行资源重新配置的方式有很多，如出国留学与来华留学、访学游学与国际会议、合作研究与联合培养、结成友好学校等，这些途径为教育国际化搭建了平台，为国际教育要素的流动提供了载体。

三、"互联网+"使大学生学习碎片化

祝智庭认为，学习碎片化起始于信息碎片化，进而带来知识碎片化、时间碎片化、空间碎片化、媒体碎片化、关系碎片化等，即学习者可以利用乘坐公交车、课间休息、睡前十分钟等零碎时间，通过网络获取一些零碎的知识进行学习。碎片化学习资源具有短小精悍、结构松散、传播迅速、生命周期短、去中心化、多元化、娱乐化、多方式表达、多平台呈现的特点，而也正是因为这些特点导致学生网络学习产生障碍。

首先，碎片化知识短小精悍、结构松散促进了学生认知方式的转变，对新知识的呈现形态提出了新的要求；学生适应了简短的信息阅读方式，可能会对较长的信息和图书阅读产生不适感；长期以来，大学教育都是系统的知识教育，要求学生能够对结构松散的知识进行加工构建，如若不行，学生就会产生认知的障碍，甚至以偏概全。

其次，碎片化知识传播迅速，生命周期短，这样对学生的记忆能力提出了更高要求。一直以来，高校学生都习惯了纸质书籍这种连续的、线性的知识获取方式。先后信息相互联系具有一体性，这样便于学生对于知识进行记忆。但是碎片化知识以短时间记忆为主，学生日后进行信息提取时可能产生虚构和错构，导致信息失真。

最后，碎片化信息的去中心化、多元化、娱乐化等特点，导致学生的思维不能集中，思维比较跳跃。知识碎片的多元化导致学生正在思考的内容很容易被环境中时刻变化的新信息吸引，尤其是娱乐信息，因而无法围绕一个主题进行深入思考。同时，由于大量碎片化知识和唾手可得的信息中不乏有的信息内容空洞、缺乏价值甚至毫无价值，而学生对于这类信息全盘接受而不加以思考，会导致思维活动空洞，毫无深度可言。

正因为互联网下的教育与各行各业的知识在不断融合，知识不断更新拓展，知识的复杂度增加，信息以指数级增长，且呈现出碎片化的形式，可用的资源虽丰富却也鱼龙混杂。在传统的学习模式下，学生一直接受的是填鸭式的教育，对于知识实行的是全盘接受，不需考虑其他，但是在互联网时代，却需要学生对知识信息进行加工处理，而这对于学习能力不足、信息加工处理能力不足的学生来说是一个巨大的挑战。

第四章　新时期高校课堂的教学模式

第一节　基于项目的学习模式

基于项目的学习模式作为一种教学模式，近年来受到各国或地区教育者的关注。基于项目的学习模式是以学习研究学科的概念和原理为中心，以制作作品并将作品展示给他人为目的，在真实世界中借助多种资源开展探究活动，并在一定时间内解决一系列相互关联问题的一种新型探究性学习模式。

基于项目的学习模式的最大特点就是在把学生融入有意义的任务完成过程中，让学生积极学习、自主进行知识的建构，以现实的学生生成的知识和培养起来的能力为最高成就与目标。基于项目的学习模式实质上是一种基于建构主义学习理论的学习模式，其强调学习应在合作中进行，在不断解决疑难问题中完成对知识的意义建构。

一、基于项目的学习模式的基本要素

基于项目的学习模式强调对学生动手能力的培养，强调"经验""学生"和"活动"这三个中心，并在活动中培养学生的学习能力。基于项目的教学模式采取做中学的方式，通过各种探究活动、作品的制作来完成对知识的传授。基于项目的教学模式强调现实、强调活动，与杜威的实用主义信息化教学概论义务教育理论是一致的。

基于项目的学习模式不是采用接受式的学习，而是采用发现式的学习。学生通过对问题提出假设，做出解决问题的方案，然后通过各种探究活动及所收集的资料时所提出的假设进行验证，最后形成自己解决问题的结论。在这一系列的学习过程中，学生不断地发现知识，并累积和建构新的知识。基于项目的学习模式主要由内容、活动、情境和结果四大要素构成。

（一）内容——学科的核心观念和原理

基于项目的学习模式所研究的主要内容是现实生活和真实情境中表现出来的各种复杂、非预测性和多学科知识交叉的问题。

（1）内容应该是现实生活中的问题。首先是关于现实生活中一些真实的问题；其次是完整的知识而非知识片段，即强调知识的完整性和系统性；最后是值得学生进行深度探究，并且学生有能力进行探究的知识。

（2）内容应该与个人的兴趣一致。这样才能使学生对即将开始的话题和所关心的事情产生学习的动力。具体内容包括对复杂的话题和论点发表自己的观点，学习与他们兴趣和能力相一致的问题，从事当前、当地与兴趣相关的话题研究，从日常经历中获得学习的内容。

（二）活动——生动有效的学习策略

基于项目的学习模式的活动主要是指学生对采用一定的技术工具（如计算机）和一定的研究方法（如调查研究）解决面临的问题所采取的探究行动。在基于项目的学习模式中，活动具有如下特征：（1）活动具有一定的挑战性；（2）活动具有建构性，由于基于项目的学习模式允许学生建构知识并生成自己的知识，所以他们很容易对知识进行记忆和迁移；（3）活动应该与学生的个性一致。

（三）情境——特殊的学习环境

在基于项目的学习模式中，情境有以下两种作用。

（1）促进个人与个人之间及个人和社会团体之间的合作。基于项目的学习模式比其他学习模式更能给学生提供丰富的、更具真实性的学习经历，因为它是在社区环境中进行的。在这种情境中，学习和工作需要相互依赖和协作。这种环境同时也有助于减少人际冲突和解决人与人之间的冲突，在没有压力、真诚合作的环境中，学生对发展他们的能力充满了自信。（2）鼓励使用并掌握技术工具。项目情境为学生学会使用各种技术（如计算机技术和图像技术）提供了一种理想的环境，这样就拓展了学生的能力并有助于学生为走向社会做好准备。

（四）结果——丰富的学习成果

基于项目的学习模式可以促进学生掌握丰富的工作技能并将这些技能运用到终身学习中。该项目的重点是获得特殊的技能，如传统的写作技能、语言技能和评判性思维的能力。同时，该项目的特有作用是使学生更多地去倾听和评价他们所不赞同的观点。

二、基于项目的学习模式过程阐述

基于项目的学习模式是一种新型教学模式，是一种革新传统教学的新理念，这种学习强调的是以学生为中心，强调小组合作学习，要求学生对现实生活中的真实性问题进行探究。通常其流程或操作程序分为选定项目、制订计划、活动探究、作品制作、成果交流和活动评价六个步骤。

（一）选定项目

在基于项目的学习模式中，项目的选定很重要，它应该完全根据学生的兴趣来选定，同时又要考虑四个方面的情况：首先，所选择的项目应该和学生日常的经历相关，至少要有部分学生对该项目比较熟悉，这样他们才能对项目提出一些相关的问题；其次，除了基本的文化素养及一些技能外，项目应能融合多门学科，如科学、社会研究、语言艺术等；再次，项目的内涵应该是丰富的，从而可以进行至少长达一周时间的探究；最后，选定项目应该更适合在学校进行检测。总之，在基于项目的学习模式中，教师应该充分考虑学生现有的知识经验和能力水平，以及学生通过努力是否有可能达到项目学习的目标，解决项目中所出现的各类问题。

项目的选择由学生来进行很重要，教师在此过程中仅作为指导者。也就是说，教师不能把某个项目强加给学生，教师所起的作用是对学生选定的主题进行评价，即评价选定的主题是否具有研究价值，以及学生是否有能力对该项目进行研究。根据评价的情况，如果有必要的话，可对学生选定的项目进行适当的调整；如果没有必要的话，建议学生对项目进行重新选择。

（二）制订计划

项目计划就是对项目活动过程的详细规划，它包括学习时间的详细安排和活动计划。时间安排是基于学生对项目学习所需时间的一个总体规划而做出的一个详细的时间流程安排；活动设计是指对基于项目的学习模式中所涉及的活动预先进行计划。

（三）活动探究

这一阶段是项目学习的核心或主体部分。学生大部分的知识内容和技能、技巧都是在此过程中完成的。活动探究是学习小组直接深入实地的调查和研究，它通常包括到户外活动，对必要地点、对象或事件进行调查研究。

在调查研究的过程中，学生对活动内容及自身对活动的看法或感想进行必要的记录，提出解决问题的假设，然后借助一定的研究方法和技术工具（此过程中，学生的研究方法和技术工具相当重要）来收集信息，并对收集到的信息进行处理和加工，对开始提出的假设进行验证或推翻开始的假设，最终得出问题解决的方案或结果。

（四）作品制作

作品制作是基于项目的学习模式区别于一般活动教学的典型特征，作品制作往往和活动探究交融在一起。在作品制作过程中，学生运用学习过程中所获得的知识和技能来完成作品的制作。作品的形式不定，多种多样，如研究报告、实物模型、图片、录音、录像、电子幻灯片、网页、戏剧表演等。作品反映了学生在项目学习中所获得的知识和掌握的技能。

（五）成果交流

学生作品制作出来之后，各学习小组要相互进行交流。交流学习过程中的经验和体会，并且分享作品制作成功的喜悦。成果交流的形式也多种多样，如举行展览会、报告会、辩论会、小型比赛等。在成果交流的过程中，参与人员除了有本校的领导、教师和学生之外，可能还有校外来宾，如家长、其他学校的教师和学生、上级教育主管部门（如教育局）的领导和专家等。

（六）活动评价

活动评价是基于项目的学习模式与传统教学的一个重要区别。在基于项目的学习模式中，活动评价要真正做到定量评价和定性评价、形成性评价和终结性评价、对个人的评价和对小组的评价、自我评价和他人评价之间的良好结合。

活动评价的内容主要有课题的选择、学生在小组学习中的表现、活动计划、时间安排、成果表达、成果展示等方面。对结果的评价要注重学生对知识和技能的掌握情况，对过程的评价要注重对实验记录、各种原始数据、活动记录表、调查表、访谈表、学习体会等的评价。

评价可由专家、学者及教师来完成，也可以由同伴或者学习者自己来完成。教师可以观察学生在项目学习过程中所运用的技能和知识，以及运用语言的方法。学生可通过评价来反映他们自身及同伴的学习情况、小组的学习情况如何，他们对活动的感觉如何、他们获得了哪些知识和技能。

第二节　基于网络的协作学习模式

基于网络的协作学习模式，是指利用多媒体技术和计算机网络开展的协作学习。协作学习是一种信息交流过程，学习者在学习过程中将探索发现的信息和学习材料与小组中的其他成员共享，甚至可以同其他组或全班同学共享，为了达到个人和小组的学习目标，可以采用对话、商讨、争论等形式对问题进行交流、沟通。

一、基于网络的协作学习模式概述

（一）协作学习

协作学习是在 20 世纪 70 年代初兴起于美国、20 世纪 80 年代中期取得很大发展的一种教学理论与策略。协作学习是通过小组或团队的形式组织学生进行学习的一种方式，是学习者在共同的目标和一定的激励机制下，为获得最大的个人学习成果而进行合作互助的学习方法。协作学习通常由四个基本要素组成，即协作小组成员、辅导教师、协作学习环境和协作学习过程。

协作学习强调整体学习效果，同时关注学生个性的自我实现，每个协作成员都是学习过程的积极参与者。教师设置的小组共同目标保证和促进学习者的互助合作，鼓励学习者各抒己见，并以小组的总体成绩来评价每个成员的成绩。所以，协作小组中的每个成员都对他人的学习做出了自己的贡献，也可以说，个人学习的成功是以他人的成功为基础的。因此，协作学习不仅要求学生对自己的学习负责，还要关心和帮助他人学习。

（二）基于网络的协作学习

基于网络的协作学习是一种特殊的协作学习，在此学习过程中，多个学习者针对同一学习内容通过计算机网络平台建立交互和合作的关系，以达到对教学内容比较深刻的理解与掌握。在基于网络的协作学习中，计算机网络具有快捷性、交互性、超时空性及对资源的可共享性，因而网络环境下的协作学习除了具备非网络环境协作学习的特点外，同时还具备以下特点。

1. 突破了时空限制

网络打破了传统的班级、年级、学校的界限，打破了时空的局限性。就协作的范围而言，网络协作学习突破了学校的空间局限，打破学校束缚，协作范围可以是班上的小组，也可以是整个班级，还可以是班与班之间、年级与年级之间甚至校与校之间。这使得协作学习真正变成了一种大环境下的学习，极大地促进了社会学习化和学习社会化。就时间因素而言，网络的异步交互功能实现了异步协作，使学习者不必受时间限制，可以更好地完成协作任务。

2. 教师对小组学习活动干预程度较低

在基于网络的协作学习过程中，教师角色相对于传统教育中的角色有了很大的变化。这种变化主要集中在对各小组学习成果进行评价总结和对学习中的一些问题给予必要指导上，而对小组在网络中的学习过程不过多干涉。这使得学习者拥有了更多的选择性和灵活性，更容易促进个性化学习的开展。

3. 方便资源共享

协作学习中的成员为达成小组目标，需要不断地交流信息和分享资源。计算机网络技术的发展已经使全球资源共享成为可能，利用搜索引擎等工具可以快速获得大量的学习资料，并且通过网络实现学习小组内部资源共享。

4. 协作形式多种多样

通过计算机网络，学生可以通过即时通信软件、论坛、聊天室、留言板等工具，方便地与相距较远的教师或同学开展多样的沟通，自发地制订合作计划，开展讨论，共享合作成果。

二、基于网络环境的协作学习模式建构

网络信息具有非线性组织形式、多媒体化表现方式、大容量信息存储、便利的交互性等优势，这些都有助于学生认知策略的形成。因此，在建构基于网络的协作学习模式时应充分考虑和利用网络技术的这些优点，尽量把网络的优点和协作学习的优点结合起来，在考虑到各种教学因素（如学习者、任务、情境等）的同时，还要考虑到网络的干扰因素。

三、基于网络环境的协作学习模式要素分析

（一）确定协作学习目标

首先，要对即将开展的学习内容进行选择，选择适合运用协作学习开展的学习体系。其次，确定小组协作学习的整体目标，即组目标，然后可根据学习内容的特点或者是学生的个体发展需要，将整体目标分解成子目标，或者提出学习者的个人目标。在这个环节中，要注意个人目标或子目标与组目标的关系设定，二者之间要紧密联系，特别是个人目标要成为实现整体目标的必要因素，这样既有助于促进学习者的自主学习，实现个人发展，同时又能够提高学习者参与协作学习的积极性。

协作学习可以促进学习者的应用、分析、评价等高层次目标的实现，因此，在设计整体目标时不能只把目标局限于某一门课程或者某一方面的知识，而应该在确定某方面核心内容的同时，将涉及的相关内容有效融合，从而促进学生的全面发展。

（二）建立协作学习小组

基于网络的协作学习是一种以小组为单位的学习方式，每个学习者都处在特定的团体中，都有特定的协作伙伴，因此，科学合理地组建学习小组是实施网络化协作学习的必要前提，也是保证学习顺利开展的关键要素。协作小组可以由教师组建，也可以在协作学习目标的指导下由学习者自由协商构成，在学生自由组合时，教师要给予适当的指导和帮助。常见的协作小组有异质分组、就近分组、分层分组、同质分组、自由搭配等几种常见的分组方式，具体要根据学生的学习特点、所处地域、学习基础、个人特长、兴趣方向或性别等标准进行划分。无论以何种方式划分，都要体现互补互助、协调和谐的原则，小组成员间要有良好的人际关系和较高的信赖程度，有时为了方便管理，会确定小组负责人，但是小组成员的权利是平等的。

（三）创设协作学习环境

良好的协作学习环境可以促进小组成员集体归属感的建立，从而促进小组成员之间形成融洽的、多元的协作关系。学习环境通常包括硬件环境、软件环境和资源环境三个方面。硬件环境主要指学习者必备的计算机、计算机网络；软件环境指学习者在协作学习过程中所使用的软件工具，如论坛、聊天室、留言板、搜索引擎等。这前两种环境都比较容易实现；资源环境作为最重要的部分，也是人们最关注的，在设计资源环境时，要先了解网络资源的特点，要围绕学生的需要来组织教学资源。有条件的学校可以把学习资源事先下载到校园网的资源中心，根据协作学习过程中知识掌握的需要，学生可以直接从校园网资源库中查询所需要的信息资源。

（四）协作学习活动设计

协作学习活动设计阶段是指通过小组成员讨论、协商或者是教师指导而建立初步的协作学习计划，从而保证基于网络的协作学习的进度。在设计过程中要考虑每个学习者的具体情况，并根据协作学习中的个人目标或者子目标的序列关系，制定出协作学习的工作阶段。

（五）协作学习活动实施过程

协作学习活动实施过程就是按照上一环节设计的小组学习计划开展学习，但是在具体实施过程中，学习者可以根据小组需求、个人需求及教师的意见调整和修改前期计划，从而使协作学习活动得以有效实施。在具体的实施过程中，教师很少介入学生具体的学习过程，但必须要加强对小组协作学习过程中的指导，在协作学习中起到督导作用。教师可以根据学习者提供的协作学习计划检查小组学习的进度与成果，通过论坛、电子邮件及时布置有针对性的作业，检查作业，引导小组开展讨论，从而深入地引导学生学习。

（六）评价协作学习结果

学习评价是检验学习是否达到目标、促进和完善协作学习活动的重要环节。对学习结果的评价应采用多种形式，以实现全面真实的评价，因此要做到评小组与评个人、他人评与自己评、组内评与组外评相结合。当小组的学习阶段完成后，教师要及时对该小组的学习结果进行评定，评价的方式可以采用传统的考试、测验等方式，也可以采用成果展示、任务完成等新型方式开展评价；小组之间可以采用质疑提问的方式开展互评与自评；小组成员间也可以开展互评与自评。

（七）教师指导

教师指导并不是针对某一特定环节或者某一特定工作，而是贯穿于从准备到实施再到评价的整个过程中，在每个环节教师都能体现其指导作用。教师虽然不直接参与学习者的具体学习过程，但是要随时监控学习者的学习进程，保证学习的良好进行，从而保证学习效果。

四、基于网络环境的协作学习应注意的问题

（一）重视线下活动的重要性

基于网络的协作学习并不是所有的学习过程和学习活动都是在线上进行的，所以不能片面地认为这种学习就是让学生上网学习。学习者接触主题、制订计划、小组分工、深入研究等活动都可以在线下开展，因此，在开展基于网络的协作学习中要注意线上、线下相结合。

（二）加强真实感协作活动

基于网络的协作学习，学习者之间的交流和沟通大多数是通过网络进行的，学习者与他的协作伙伴间不易建立真实的亲近感，容易造成协作小组凝聚力不强，从而难免会影响学习效果的情况。因此，可以利用虚拟技术模拟实体小组，小组成员可以拿自己的照片、兴趣爱好等进行交流和发布，让小组成员有身临其境之感，促使成员之间相互熟悉，增进成员之间的亲密感，以利于学习活动的顺利开展。

（三）突显指导教师的主导地位

通过对基于网络的协作学习模式的探讨，可以看出教师在整个协作过程中的指导作用是不可忽视的，但是由于在基于网络的协作学习模式中师生通常是分离的，有时会忽视教师的指导作用；另外，部分教师只关心最后的评价，对整个的协作学习撒手不管，从而使学习者的学习变成"放羊式"学习，影响了学习效果。因此，教师要想办法突显自己的主导地位，促使学习者积极地学习。

第三节　基于资源的主题教学模式

基于资源的主题教学模式是指学习者围绕一个主题，遵循科学研究的一般规范和步骤，通过充分发掘和利用各种不同的资源，在教师的帮助下所进行的一系列探究活动。基于资源的主题教学模式的目的是让学习者提高其解决问题、探究、创新等能力，使学习者的学科素养和信息素养同时得到提升。

一、基于资源的主题教学模式概述

基于资源的主题教学模式的概念包括两方面，即基于资源的学习和主题学习。基于资源的学习是指通过充分发掘和利用各种不同的资源而展开的一种学习模式。没有资源的教与学是不存在的，而为什么要强调基于资源的学习呢？主要是因为考虑到三个方面：一是资源的多寡；二是使用信息资源的能力大小；三是使用信息资源意识的有无。随着信息技术，特别是网络技术的发展，以及信息资源的极速膨胀，在浩如烟海的信息中找到对自己有用的信息，并对这些信息进行处理已成为现代人的一种基本能力。如果说，以前一个人成功与否主要看其获取信息的多寡，现在就是看其信息处理能力的高低了。如今人们对信息获取的机会趋于均等，获得的信息量多不再成为优势，关键是要看其信息处理的能力，基于资源的学习是培养学生信息处理能力的一种行之有效的方法。

主题学习就是指学习者围绕着一个主题，遵循科学研究和一般规范步骤，为获得解决问题的能力和创新能力而展开的一系列探究活动。主题学习是针对学校教育学科的独立性而提出的，因为一个主题可以与多门学科相联系，能够消解学科之间的孤立，使学科走向融合；同时，主题学习能够打破课堂教学的局限，激励学生走出课堂，走进社会，走进自然。

所以，基于资源的主题教学模式其实是基于资源的学习和主题学习相互整合而形成的新型教学模式，是围绕主题而展开的基于资源的学习过程。在这个过程中，既强调资源的获取、选择、利用和评价，又强调学生实际能力的提高，特别是解决问题的能力、创新能力、信息素养等的提高，从而使学生在主题学习的过程中既达到解决问题的目的，又达到提升信息素养的目的。

二、基于资源的主题教学过程阐述

基于资源的主题教学的整个过程，是以主题开发为前提，以活动探究为核心，并通过不断评价反思优化整个学习过程的一个系统过程，主要包括三个环节：主题开发、活动探究和评价。

（一）主题开发：基于资源的主题教学模式的前提

"主题"是基于资源的主题教学模式中的核心概念，是指整合教学目标、跨学科的学习内容或学习任务。在整个基于资源的主题教学模式过程中，活动都是围绕主题而展开的，主题开发的优劣直接影响着教学效果。为使学习者在学习过程中主动，应调动学生学习的积极性。我们提倡主题由师生共同开发，并建议在主题开发的过程中要求主题具有亲和力，具有跨学科性、开放性、挑战性和实践性，同时主题还应当整合知识技能、过程方法、情感态度与价值观目标，以使学生在学习过程中获得知识、培养能力和发展情感水平。

（二）活动探究过程：基于资源的主题教学模式的核心

主题一旦确定，学生便在教师的指导下进入实质性的学习过程，过程具体可分为以下六步。

1. 明确问题，阐述问题情境

"主题"在被确定时只是一个比较笼统的概念，还需将其转化为一个或多个待解决、可操作的问题或任务。在这一过程中，需不断地从多方面追究问题之所在，描述问题产生的情境，恰当地呈现模拟问题情境，并描述问题的可操控方案，使学生进入问题情境时能够拥有问题意识或问题的主人翁感，为以后进一步探究做准备。

2. 形成假设，确定探究方向

在自己或他人经验的基础上，就问题的答案和解决问题的原则、途径和方法提出设想，然后对其进行论证。在论证的过程中，可能需要不断地修正或改变思路，从而形成新的假设。

3. 实施、组织探究活动

这一步骤是整个教学学习过程的核心，是培养学生知识技能、掌握过程方法的能力、情感态度与价值观的关键。教师可以根据学习目标，组合多种活动进行教学，让学生获得直接的学习体验。

4. 收集、整理资料，找出资料的意义

大部分活动的实施是一个收集、整理资料的过程。资料的收集、整理是有目的的，只有找到资料的意义，才能使资料产生最大的用途。

5. 形成问题解决方案

由于解决问题需要学习者建立多个问题空间，问题解决者必须将问题空间之间的认知或情境联系点结合起来，因此，应确定并阐明问题求解者的多种意见、立场和观点；生成多个可行的问题解决方案；收集充分的证据来支持或反驳各种观点，以支持自己或他人的论点；讨论和阐述个人观点，评价各种解决方案的可行性，以便最终在最佳的行动方案上达成一致意见。

6. 探究

根据探究内容展开相应的展示和交流活动，主要有报告、角色扮演及辩论三种方式。

（三）评价：基于资源的主题教学模式的保障

基于资源的主题教学模式的评价提倡综合性评价与过程性评价，倡导评价内容的丰富性与评价方式的多样性。在基于资源的主题教学模式活动过程中，通过充分恰当的探究，有利于培养学习者的综合素质，如问题意识、科学素养、信息素养、创新能力、实践能力、自主协作能力、反思能力等。在教学效果价值取向方面，基于资源的主题教学模式的评价比较关注学生的问题意识、探究能力和反思能力的发展。

1. 问题意识

问题的确定非常重要，因为它是开展基于资源的主题学习活动的过程中非常关键的一步。学生能否发现问题，取决于学生的问题意识强不强。学生问题意识的强弱，主要从学生的观察力、认知兴趣和求知欲及丰富的知识经验三个方面来评价。

2. 探究能力

探究能力是基于资源的主题学习活动所培养的核心能力，在探究的过程中重点培养学生的信息素养、自主能力、协作能力、学习策略、批判性思维能力等。

3. 反思能力

除了需要教师、家长、专家等人员对学生学习效果进行评价之外，还需要学生对自我学习效果进行不断反思。反思是一个反省的过程，也是一个自我评估的过程。反思主要是指对前一阶段的学习任务进行反思，从而获取反馈，了解自己所获得的知识，知道自己的不足，并明确改善措施。

第四节 基于问题的信息化教学模式

基于问题的信息化教学模式是信息化环境中的一种以问题为驱动，以培养学生的问题意识、批评性思维习惯、生成新知识的能力、独立学习的能力和团队合作的品质为宗旨和目标，强调学生学习的主体参与性的教学模式。在实施基于问题的信息化教学模式的过程中，要突出学生的主体性，让其能积极主动地参与解决问题的全过程；要注重问题的优化设计，引导学生的开放性思维，激发学生对新问题的探索欲望；要关注过程的实施，引导学生对所学知识进行选择、判断和运用，从而有所发现、有所创造；要同实际问题相结合，培养学生解决实际问题的实践能力和创造性思维；要加强学生体验的严肃性，注重经验的积累，使学生学会树立批判意识和尊重事实的观念体系；要加强学生的合作意识，促使学生在合作的过程中取长补短，培养其集体观念和协作习惯；要增强学生在学习中尝试用相关信息技术手段来获取、加工、处理有价值的资料的能力。

一、基于问题的信息化教学模式概述

基于问题的信息化教学模式是一种探究式教学模式。"探究式教学模式"的概念是在 20 世纪 50 年代由美国芝加哥大学施瓦布在教育现代化运动中提出的。他认为学生学习的过程与科学家的研究过程在本质上是一致的，因此学生应像科学家一样，以主人的身份去发现问题、解决问题，并且在探究的过程中获取知识、发展技能、培养能力，特别是创造能力，同时受到科学方法、价值观的教育，并发展自己的个性。

可见，基于问题的信息化教学模式实际上就是以学生为主体的教学模式，其宗旨是培养创造性人才。因此，在教与学的关系上，应正确处理教师主导与学生主体之间的辩证关系，重视发挥教师和学生双方的主动性，并强调学生的主体地位；在教学组织上，应适当突破单一的班级授课制，辅之以分组教学和个别教学，以发展学生的个性，做到因材施教；在课程结构上，应强调学科之间的相互渗透与综合，以培养通才；在教学内容上，应处理好传统与现代、继承与创新的关系，力求教材建设适应当代科技发展的新潮流，及时吸收当今科技发展的新成果；在教学方法上，应主张应用建构主义教学理论，强调使用任务驱动法、研究法、发现法等教学方法，并根据不同的教学内容和教学目标，重视多种教学方法的优化组合。

二、基于问题的信息化教学模式的特征

（一）学生的探究活动是在教师预先设计好的具体步骤中展开的

学生需要学习的新知识，不是由教师直接抛给学生的，而是将学生所要

学习的新知识隐含在一个或几个问题之中，学生通过对所提供的问题进行分析、讨论，明确大体涉及哪些知识或需要解决哪些问题，在教师的指导、帮助下找出解决问题的方法，并经过探究，最后通过问题的完成去实现对所学知识的意义建构。

（二）学生通过探究活动获得新知识并培养能力

探究教学不是先将结论直接告诉学生，再通过学生上机加以验证，而是让学生通过各式各样的探究活动，诸如观察、调查、制作、收集资料、上机设计等亲自得出结论，使他们参与并体验知识的获得过程，建构起对知识的新认识，并培养其科学探索的能力。

（三）基于问题的探究式教学模式注重从学生已有的经验出发

对学生认知理论的研究表明，学生的学习不是从空白开始的。已有的经验会影响现在的学习，教学只有从学生已有的知识和生活实际出发，才会激发学生的学习积极性，学生的学习才可能是主动的，否则就很难达到预期的教学目标。

（四）基于问题的探究式教学模式重视协作学习

在该模式中，常常需要分组制订工作计划、分组调查和收集资料，需要讨论、争论等协作学习。

（五）基于问题的探究式教学模式重视形成性评价和学生的自我评价

该模式教学的评价要求较高，例如，它要求评价每一名学生理解哪些概念，能否应用知识解决问题，能否设计并实施探究计划，能否独立完成问题，小组协商、参与态度是否积极等。要弄清这一切，单靠终结性评价验证是难以奏效的。该模式在重视终结评价的同时，也很重视形成性评价，与此同时，还注重学生的自我评价和师生互评。

三、基于问题的信息化教学模式各要素间的优化

基于问题的教学模式是指以问题为中心，学生对其进行积极主动的探究，领悟其实质，并把握规律的教学模式。在具体实践的过程中，其做法是让学生在一个问题的驱动下通过自己的观察、思考、上机来发现知识，并加以创造性地应用，建立相应的认知结构。教师的作用在于根据教育目标对学生施加积极的影响，充分调动学生的积极性、主动性，使其参与到学习的全过程，使学生用自己的思索和内心的体验去创造、去发现知识和规律，同时发展他们自己的个性。

（一）学习者特征分析

根据教学任务，要先对学生进行分析。因为学生是学习的主体，是意义的主动建构者。从哲学的角度来看，学习者是内因，外界影响是外因；内因是事物发展变化的决定性因素，外因通过内因起作用。这就可以说明为什么在同一课堂中，教师实施同一教学，但不同学生的学习结果却存在着差异。为了取得较好的教学效果，就必须充分地了解学生的特征，并进行有针对性的设计。学习者特征分析涉及智力因素和非智力因素两个方面。与智力因素有关的特征主要包括知识基础、操作能力和认知结构；与非智力因素有关的特征则包括兴趣、动机、情感、意志和性格。

对学习者的分析，主要目的是设计适合学生能力与知识水平的学习问题，提供合适的帮助和指导，设计适合学生个性的情境问题与学习资源。

（二）教学目标分析

教学是促进学习者朝着目标所规定的方向产生变化的过程，它贯穿于教学活动的始终。分析教学目标是为了确定学生学习的主题，首先，要考虑学习者这一主体。教学目标不是设计者或教学者施加给学习者的过程，而是从学习者的学习过程中来的。其次，还应尊重学习主体的内在逻辑体系特征。

因此，教师在课前备课时要分析本课的教学目标，确定教学的核心问题，明确学生需要探究什么、领悟什么。

（三）学习内容特征分析

学习内容是教学目标的知识载体，教学目标要通过一系列的教学内容才能体现出来，即在解决问题的过程中达到学习的目的。那么设计的问题是否会体现教学目标？如何来体现？这需要对学习内容做深入分析，明确所需要学习的知识内容、知识内容的结构关系及知识内容的类型，这样在后面进行设计时，才能很好地涵盖教学目标所定义的知识体系。

（四）设计问题

这里所说的学习就是基于问题的探究、学习的过程，就是解决问题的过程，问题构成了学习的核心，学习者应以问题来驱动学习。提出问题，是本教学模式的核心和重点，它为学习者提供了明确的目标，其他补助设计使得任务更加明确、具体，使得学习者解决问题成为现实的可能，使得学习者在解决问题的过程中确实能够达到教学目标的要求。学习情境设计有助于将问题置于任务环境中，有助于学生知识与能力的迁移，有助于学生对问题的理解和可行性方案的提出。

（五）学习资源设计

学习资源是指提供与问题解决有关的各种信息资源（包括文本、图形、声音、视频、动画等）及从网络上获取的各种有关资源。学生的自主探究性学习、意义建构是在大量信息基础上进行的，所以必须在学习情境中嵌入大量的信息，丰富的学习资源是学生学习的一个必不可少的条件。另外，还要注意怎样才能从大量信息中找寻有用信息，避免信息污染，因此，教学设计中要建立系统的信息资源库，提供引导学生正确使用搜索引擎的方法。

（六）提供认知工具

认知工具是支持、指引、扩充使用者思维过程的心智模式和设备。在现代信息技术学习中，就是指网络及与通信网络相结合的计算机，学习者可以利用它来进行信息与资源的获取、处理、编辑、制作等，并可用其来表征自己的思想、替代部分思维、与他人协作等。

（七）管理与帮助设计

在基于问题的教学模式中，学生是学习的主体，但并没有无视教师的指导作用，在任何情况下，教师都有控制、管理、帮助和指导的职责。教师需要在学习环境中确定学习任务、组织学习活动，给学生提供帮助和指导，引导学生正确地使用认知工具。教师是教学过程的组织者、指导者、意义建构的帮助者和促进者。

在传统的教学中，课堂教学管理包括合理安排课程内容、最大限度地发挥教学资源的作用、调动学生的积极性等。但在基于问题的教学模式中，教师由"舞台上的主角"变为"幕后导演"，这一改变极具挑战性，它对教师提出了更高的要求。

学习过程是一种发散式的创造思维过程，不同的学生所采用的学习路径、所遇到的困难也不相同，在实际操作过程中需要面对不同情况做出适时反馈。在学习中，面对丰富的信息资源，易出现学习行为与学习目标相背离的情况，教师要在教学实践中设置关键点，规范学生学习，这也有利于学生反思、升华所学知识的意义建构。

（八）学生探究学习

课堂上教师要引导学生围绕问题进行探究以获得更深的领悟。具体的探究活动一般可分为三个步骤：一是思维探究，教师可让学生预览或给出简单提示，让学生形成初步的思维；二是上机探究，学生通过独立探索发现并获得知识;三是应用探究,是学生根据自己发现的知识,经过上机确认,宣告完成任务,这步可分为个别探究或小组协作探究。

(九)成果展示,师生互评

这是非常关键的一步,通过示范或成果展示,教师可以了解学生本堂课或此阶段探究学习的效果。学生个人探究学习的效果,可以用转播示范的方法让他们示范给其他同学;如果是小组合作或个人完成的电子作品(如网页、Word 文档、PPT、动画等),也要转播展示给全班同学,但在评价时要注意以下三点。

首先,教师要实现评价形式多元化,既要进行终结性评价,更要开展过程性评价。此外,教师还可以让学生在小组协作研究过程中记录一些相应的原始数据,例如,记录一些资源网站,一些图片、动画的来源,文稿的始创。

其次,教师要实现评价内容多元化,不仅要注重作品的精美程度或技术程度,如图片清晰度、色彩搭配、排版布局、技术含量等,还要注意电子作品的选题、创意等。

最后,教师要实现评价主体多元化,特别是在对小组协作的作品进行评价时,教师要让学生个体、小组等都成为评价主体,可以进行小组自评、小组互评和教师评价。

(十)总结与强化练习

适时地进行教学总结可有效地引导学生将自学的零散的知识系统化,但总结时不能太细,可简明扼要地串讲知识体系,否则会限制学生的思维。总结之后,应为学生设计出一套可供选择并有一定针对性的补充学习材料和强化练习,巩固其所学知识。练习是培养学生能力、发展智力的有效措施之一,课堂上的巧练既能激发学生的探索兴趣,同时又为学生提供了再探究的机会。通过练习,一方面可以反馈学生的学习情况,另一方面也为完成形成性评价提供了合适的评价内容和评价时机。

第五章　大学教学方法改革创新的理论基础及实践

　　创新一般包括思想理论创新、方式方法创新和制度保障创新三个环节，观念乃至思想理论的突破是创新的根本所在。高等学校教学方法创新虽然是一个教育实践活动，但长期的教学方法改革实践证明，没有理论基础的实践是盲目的改革实践。教育活动实践是以培养人为根本目标的，每一个受教育者都有成功的权利而无失败的义务，所以，教育改革实验不容许毫无把握的"试验"，必须以相关理论为依据，精心设计教育教学改革方案。进行高等学校教学方法创新理论研究的目的在于分析工具论、机械认识论等既往教学方法改革理论的局限，提出价值论的教学方法理论，并建立以价值论为基础、创新高等学校教学方法的若干基本范畴。

第一节　基于认识论的教学方法

　　教育与哲学有着千丝万缕的联系，很多教育问题归根结底还是哲学问题。也只有回归到哲学层面才能发现教育问题的症结所在。我国对于高等学校教学方法的本体性与实践性的认识与研究相对不足，其中最直接的表现在于对高等学校教学方法本质的理论探究相当薄弱，以"借"为标志的研究路径直接导致了当前的境况。这些被"借"的教学方法理论和教学模式与高等学校教学方法有本质的区别。无论是从高等学校教学方法自身发展角度，还是从深化对高等学校教学方法认识的角度，建立以价值论为基础，以价值实现为核心的高等学校教学方法都是推进高等学校教学方法创新的理论原点。

一、认识论的理论

1. 经验主义

经验主义者声称知识是人类经验的产物。朴素经验主义者认为人们的思想和理论需要在现实中论证，然后依据它与事实的匹配度来决定是否应该持有此理论。

经验主义与科学有密切关系，虽然科学的效力毋庸置疑，但在哲学上，科学"是怎样起作用"和"为什么起作用"引起了争论。科学方法一度因为其能保证科学实验的成功而被人所钟爱，但现在科学和哲学中所遇到的问题使人们更加偏向于连贯主义。

经验主义经常与实证主义相混淆，但后者更强调人对现实的看法，而不是人在现实中的经验本身。

2. 观念主义

观念主义认为我们感知到的世界只是我们的观念构造。乔治·贝克莱、康德及黑格尔持不同的观念主义观点。

3. 朴素现实主义

朴素现实主义也就是通常意义上的现实主义，认为存在一个真实的外在世界，并且我们的感觉由那个世界直接引起。它以因果关系为基础，认为一件事物的存在是导致我们看见它的原因，这样，世界在被人们认知的同时保持着原样，即与它没有被人们感知时一样。相反的理论是唯我论，朴素现实主义没有将心理学上的感知考虑进去。

4. 现象论

现象论从乔治·贝克莱的"感知到的便是存在的"这一观点中发展而来。根据乔治·贝克莱的观点，我们不能认为我们看到的事是独立于我们感官存在的个体，他认为真正存在的只有感官本身。

5. 理性主义

理性主义者相信有并不来自感官经验的前知或先天思想，这一点可从很多经验中看出。这些思想可能来自人类大脑的结构，或者它们独立于大脑存在。如果它们独立存在，当它们达到一个必要的复杂程度时就能够被人类所理解。

6. 具象主义

具象主义或表现现实主义，与朴素现实主义不同，认为我们看现实时只可以感知到它的表现。换言之，我们看到的世界及事物并不是它们本身，只是内在的虚拟现实的复制品，所谓的"感官之纱"使我们不能直接感知世界。

7. 客观主义

客观主义是艾茵·兰德的认知理论，与朴素现实主义相类似，她也认为我们通过感官从外在世界获得知识。客观主义认为未经加工的感觉信息会自动地成为被大脑融入感知的对象，这时是意识去感知信息，而不是以任何方式创造或发明信息。一旦我们意识到两个实体彼此相像，而与其他不同，我们就可以将它们看作一个种类，这个种类可以将同种类的所有实体囊括，这样我们的意识就可用一个词将本无限的实体包含。客观主义拒绝纯粹的经验主义，认为我们可以借助客观的概念从而超越感官的层次。客观主义也不承认纯粹的具象主义和理想主义，认为我们感知到的才是现实，谈论感知不到的知识是没有意义的。

二、认识论与工具论的盛行和局限

（一）工具论教学方法

毫无疑问，教学方法就是用来实施教学的工具。这种通俗的认识在一般教育学和教学论文献中非常普遍，且影响深远。我国最早学习借鉴的苏联《教育学》一书中指出，"教学方法是教师和学生为完成教养任务而进行理论和实践认识活动的途径""教学方法是指教师的工作方式和由教师领导的学生工作方式，借助于这些工作方式，可以使学生掌握知识、技能和技巧，还可以形成他们的共产主义世界观和发展他们的认识能力""教师和学生在教学过程中为解决教养、教育和发展任务而展开有秩序的、相互联系的活动的办法，就称为教学方法"。即使到了 20 世纪 80 年代以后，西方学者对教学方法界定的研究讨论纷纷出现，其中也免不了工具主义的认识。比如，"教学方法是教师为达到教学目的而组织和使用教学技术、教材、教具和教学辅助材料以促成学生按照要求进行学习的方法""教学方法是指大多数教师能够充分加以运用并适合于多学科反复使用的教学步骤或程序""教学方法就是教师发出和学生接受学习刺激的程序""教学方法是促进学生学习，教师组织班级，向学生提出意见及使用其教学手段的各种方法"。这些认识不论被引入我国的时间先后如何，都属于工具论的观点范畴，这些观点对我国教学方法理论与实践的影响非常强烈，有学者说是"一锤子定了音的"影响，以至于国内学者的很多理论研究也难脱其窠臼。王策三认为"教学方法是指为达到教学目的，实现教学内容，运用教学手段而进行的、由教学原则指导的、一整套方式组成的师生相互作用的活动"。王道俊、王汉澜认为"教学方法是为完成教学任务而采用的办法，它包括教师教的方法和学生学的方法，是教师引导学生掌握知识技能、获得身心发展而共同活动的方法"。

这些在一般教育学、教学论中关于教学方法的观点在高等教育的延伸研究中比较多，其中最直接的结论就是"高等学校教学方法就是教学活动中教师所采用的工具"，但工具的属性没有好坏之分，只有先进与落后之别。如果在教学活动中大量推行现代信息技术与手段成为时尚，其结果只能是器物层面的游戏，不可能在本质上得到改观；有时操之过急还会起反作用，不仅教学效果达不到期望值，还经常让教师沦为技术的奴隶，比如，没电就不能上课，从而影响正常教学秩序。

（二）认识论数学方法

致力于从根本上揭示人生、社会、世界、宇宙及其相互关系的可能面目，构建关于它们的认识论原则的认识论，对教育尤其是高等教育的影响由来已久，但对教育教学活动的影响是相对迟缓的。长期以来，人们对教育活动的认识就是传授知识，而缺乏对教育活动本身具有认识社会和世界、探究社会和自然规律的功能的认识和理解。随着后现代主义、建构主义对传统教学观的发难，对本质主义教学方法定义方式的批评引起了用描述特征的办法展示教学方法及活动的无限复杂性的盛行。因为教育是复杂的社会实践活动，社会发展要求对教学方法本质和规律的认识也必须是一个不断深化、发展的过程。教学方法概念的表述应该反映教学目的、教学内容的内在本质的联系，以及师生双方相互联系和相互作用的关系。在一般教育学及教学论领域，理论认识视野更加开阔。比如，有学者认为，教学方法是在教学过程中教师和学生为实现教学目的、完成教学任务而采取的教与学相互作用的活动形式的总称。也有学者认为，教学方法是教师和学生在教学过程中，为达到一定的教学目的，根据特定的教学内容，共同进行的一系列活动的方法、方式、步骤、手段和技术的总和。

这种基于教学活动复杂性和教学对象层次性的理论倡导开启了高等学校教学方法研究的新境界。首先是正视高等学校教学活动与基础教育教学活动存在明显差别，其次是按照建构主义所极力主张的适应和体现高等学校教学活动特点，用描述特征的方法来揭示教学方法的内涵。于是，徐辉教授等提出了高等学校教学方法五个特点；薛天祥教授认为高等学校教学方法的特殊性主要有三个表现；潘懋元则言简意赅地将高等学校教学方法的特殊性概括为明确的专业指向性及科学文化发展过程和研究方法的接近性；别敦荣、王根顺教授则指出高等学校教学方法更多地体现了学生的主体性，探索性更强，具有鲜明的学科专业特色。这些关于高等学校教学方法的比较分析和内在刻画，尽管没有直接回答高等学校的教学方法是什么，但已经提示了高等学校教学方法的适用主体、基本特点、目标指向等，有利于我们进一步把握高等学校教学方法本质。

（三）工具论和认识论教学方法的局限

工具论教学方法是适应基础教育教学活动需要的，因为它的理论就来源于儿童心理学和人类文明知识沉淀的状态。最简便高效的知识传授方式就是教师讲授方式（最原始的工具主义解释就是教师的口和学生的耳），这种高效率、低成本的教育活动无疑是人类社会的重大进步，但是，它从一端走向了另一端，即使教学活动彻底脱离了人类认识自然和社会的实践活动。

工具论教学方法基本适应基础教育教学活动无可厚非，但它对中国传统教学方法及高等学校教学方法具有严重影响。中国传统教学，无论是书院还是古代官学，教学方法都是授课、辩难、游历相结合的。辩难应该就是现在的讨论式教学方法，游历应该就是现在的实践与观摩相结合的教学方法。辩难与游历的教学方法在我国的逐渐消失，不能不说是工具主义教学思想在近代学校教育演变中的重要"功绩"，让讲授法一家独大，特别是一些实践性教学内容、实验性科学课程都可以被"讲授"。因此，工具主义教学方法观实际上是一种狭隘的、偏执的工具主义。高等学校教学方法从根本上讲不能适用工具论教学方法，因为高等学校教育已经不再是纯粹教授既有的人类文明知识，学生的主要任务是学会认识社会和自然规律，学会利用知识改造社会和自然。这时，教师的角色、工具的价值、学生的地位不能完全用工具主义来支配。实际上，工具主义教学方法在高等学校大行其道，结果便是导致高等学校没有沿着自身本来的轨迹培养人。

传统认识论在教学方法上的表现是时代发展进步的必然，尤其是现代学校教学方法经过工具论的片面引导之后本质的回归，但是，这种回归与一系列的工具论教学方法起源有本质的不同，姑且把工具论教学方法看作是自下而上的发展路径，甚至是以儿童心理学乃至动物实验心理学为发端，从最低层次开始建树，进而向高等学校教学方法蔓延。认识论教学方法与此相反，它是从人类教育活动的本源或高等学校教学特征出发，深刻揭示人类本源的教学活动及高等教育阶段的终极教学活动，是为了认识、探究、利用社会和自然及其发展规律。以此为理论基础建构的教学方法更加适合高等学校教育教学，但由于世界性高等学校教学方法研究活动匮乏，也由于高等学校教师的研究活动以学科为主要对象，以致这种本可以得到大力弘扬和进一步开拓的教学方法理论研究和实践探索沦为简单机械的认识论层面而遭到漠视，因而对高等学校教学方法的影响力非常不足。

　　而在基础教育领域，由于长期浓厚的教学方法研究氛围，以及长期被工具主义隔阂了学校教育与教育本源的觉醒，这种教学方法很快受到欢迎。但客观地说，认识论的教学方法观对基础教育教学方法改革创新仅是一点兴奋剂，难以畅行通达。因为，无论是哪个国家的基础教育，其现实使命已经远离认识的两端，不再需要所有人都从原始方式亲自开始尝试性认识社会和事物，这是人类社会进步的必然，否则就是逆人类社会发展进程的举动；接受完基础教育（主要是指各国规定的义务教育）培养的人尚不是现代社会所需要的去进一步探索和认知社会发展规律、自然奥秘的当然对象，现实社会肩负这些使命的主要是接受过高等教育的人。所以说，基于各种认识论基础上的教学方法尽管在基础教育阶段很受宠，但归根结底只是一时的新鲜，不能也不应该成为主流的教学方法。

　　认识论基础上的教学方法被从基础教育领域转借到高等教育领域时遇到了个别问题。要说认识或探究事物发展规律的高等学校教学活动，比比皆是，并不像基础教育阶段的学校教学活动那样新鲜。同时，基础教育阶段的教师与学生同为知识占有者（先占有的是教师，后占有的是学生），都不是面向事物的认识主体，仅是认识教学活动的主体，所以认识教学活动及教学方法的比重被无限放大，甚至被称为"研究性教学""研究性学习"。高等学校与基础教育阶段完全不一样，教师既是教学（面向学生）活动的主体，又是研究（面向事物）活动的主体，这就是高等学校教师一直面临的双重任

务——教学和科研。所以，高等学校教师无时无刻不在努力探究，有的教师
也许因此出现"以局部代整体"的现象，忽略了对学生及教学活动的研究热
情，在教学活动中套用、承袭基础教育阶段所经历过的工具主义教学方法，
图个清闲；还有的教师即使认识到了自己的"双重任务"，也接受并尝试过
教学活动中的认识客体是学科要适合事物发展的特点和规律，但这种认识
是无止境的人类社会活动，不是高等学校教育所能完成的目标，且操作难度
大，不确定性因素多，难以就这种教学方法进行考量。总之，认识论基础上
的教学方法非常适宜高等学校教学创新，但由于追求"短期功效"目标的教
育体制，此种教学方法推广受阻，因此，针对认识论教学方法的应用缺陷，
我们提出了价值论教学方法。

第二节　基于价值论的教学方法

在工具论和认识论两大基础理论左右下形成的高等学校教学方法格局
不可能依然仅用它们自身的理论去完成改造，必须在更加广泛的社会活动
领域寻求新的理论支点。

一、价值论及强互惠

价值论，亦称"价值哲学"，是指关于价值的性质、构成、标准和评价
的哲学学说。它主要从主体的需要和客体能否满足主体的需要及如何满足
主体需要的角度，考察和评价各种物质、精神的现象及主体的行为对个人、
阶级、社会的意义。某种事物或现象具备价值，就是该事物或现象成为人们
的需要、兴趣追求的对象，就是人的需要、兴趣和目的，并随着社会环境而
改变。因而，价值是通过人的实践而实现的。

价值表现在经济现象、政治现象、社会现象、生态现象及他人的认识对
象之中，价值的理论为以往许多哲学家所探讨，但他们只是从不同角度，对

不同对象进行分析。到了 20 世纪，一些哲学家把政治、伦理、美学、逻辑、有机体等不同类型的价值做了综合的分析。

社会事物之间的相互作用在本质上就是价值作用，任何社会事物的运动与变化都是以一定的利益追求或价值追求为基本驱动力，几乎所有社会科学都或多或少地与价值论存在某种联系，都自觉不自觉地以某种价值论为假设前提。由此可见，价值论是整个社会科学的基础理论之一，价值问题是任何社会科学都无法回避的问题。

（一）价值概念与人们的生活息息相

价值论在人们的心目中似乎是一种高深莫测、远离尘世的"经院哲学"，价值问题似乎是只有理论家才去探索和思考的问题。事实上，价值与人们的日常生活密切相关，人的一切行为、思想、情感和意志都以一定的利益或价值为原动力，不同的价值思维和价值取向会对人的思想和行为产生巨大的影响。在人们的实际生活中，价值是一个非常普通的概念，人们的一切行为都需要考虑其实际意义，比如，在进行任何一项工作时，人们总是在不断地权衡某项工作是否有价值、是否有意义、是否值得、是否合算、是否……，这些行为都是有价值学意义的。这说明价值是一个与人们的实际生活非常密切的字眼，然而，在一般的概念中，价值总是被认为是一个哲学概念或者经济学概念，离人们的生活很远。

（二）价值论的发展状况决定社会科学发展状况

价值论在整个社会科学中占据十分重要的地位，它的发展状况在根本上决定和制约着整个社会科学的发展状况：价值论的客观性决定社会科学的客观性；价值论的精确性决定社会科学的精确性；价值论的价值分类决定社会科学的基本分类；价值论的微小谬误将引发社会科学的更大谬误。这是因为价值论一旦存在某种概念上的模糊或朦胧，就会在社会科学的许多概念上引发更大的混乱与暧昧；它一旦存在某种观点上的谬误，就会以不断扩大的方式传播到社会科学的其他领域；它一旦出现某种理论上的危机，必然导致其他许多社会科学出现更严重、更深刻的危机；社会科学中所存在的许多矛盾与争论，最终都可归结为价值论上的矛盾与争论。由此可见，正确认识和圆满解决价值论上所存在的各种危机，不仅是价值论本身发展的需要，也是整个社会科学得以健康发展的重要前提。

（三）主体间性的丰富内涵和强互惠

起源于真理标准大讨论的我国的价值理论研究是马克思主义哲学的一个实践转向，也是从认识论角度直接切入的，从主客体关系出发探讨价值问题成为一种主导范畴。然而，近十几年来，学界不断反思和批评这种研究理路，提出了以前被价值论研究所忽视的主体间性问题、被浓厚而直接的主体需要等功利色彩掩盖的超功利性文化价值等新命题。这些命题不断进入价值论，尤其是价值实现论的范畴。

主体间性是相对主体性而言的，本体论、认识论和价值论都有意识地关注主体性问题，但只有吸收认识论合理成分的价值论的建立才真正形成了"主体间性哲学"，本体论立足于存在和解释知识，是"前主体性哲学"，而认识论是"主体性哲学"。毫无疑问，人是价值的主体，只有人才具有认识主体性和价值主体性，但每个人每时每刻又可能是价值客体。这种价值实现过程中的主客体转换实际就是针对"人—人"模式而言的，与"人—物"模式、"人—事"模式无关。就某一个具体的价值实现过程而言，也可以称之为主客体间性。分析和考察"人—人"模式价值的实现，就不能回避主体间性，这也正是认识论、价值论在研究和分析人与人的关系时最感棘手的问题。

不妨用一个价值黑箱来表述价值实现过程中的主体间性。例如，A 具有一种价值需要，B 具有满足 A 所需要的条件，二者如何实现各自的价值诉求并达到目的就是一个价值黑箱，黑箱里发生的一切就是价值实现理论所要追寻的过程、结果、机理、转化等。一件具有价值和使用价值的商品，一旦相对人的需要而发生价值实现之后，它在一定程度上就不再是原来的那件商品了。人与人之间的价值实现也是如此，获得需要满足的主体和付出有用价值的客体在走出黑箱时已发生了质或量的变化。不仅如此，他们在黑箱内或者在未来另一个价值实现的黑箱里还可能在一定时点发生主客体位置的变换。这种复杂性不是用现有机械论哲学所能解释的，而只有未来兴起的复杂科学才把它作为自己的使命。

正是价值主体间的这种无限复杂性，才使人与人之间的价值实现关系大大超出了基于起源相关性和重复交互作用的人类合作规律，用起源相关性解释人类大量没有亲缘关系的个体间的合作是不可信的，用重复交往机制可使对背叛行为进行惩罚成为可能，从而维护群体成员之间的合作，但遇到人们没有意识到会有重复交互机会、群体规模和生存实力相较悬殊而奉献者个体在未来得到回报希望渺茫、人类社会高概率的多变交易和多目标交易等这些问题时，重复交互机制也难以奏效，无法给予圆满解释。在这种情况下，超越基于起源相关性和重复交互作用的价值实现理论的强互惠理论应运而生，并解释了大量复杂的社会现象。

起源于美国桑塔费研究所的强互惠理论认为，人类之所以能维持比其他物种更高度的合作关系，是因为许多人都具有这样一种行为倾向：在团体中与别人合作并不惜花费个人成本（即使这些成本并不能被预期得到补偿）去惩罚那些破坏群体规范的人，从而能有效提高团体成员的福利水平和团队的稳定性。因为人类社会生活中那些直接互惠、间接互惠等行为司空见惯，被称为弱互惠，而这种"无须回报"的施惠行为被命名为强互惠，以示区别。强互惠与利他、弱互惠的区别在于：利他行为是无条件的、仁慈的、善意的且不依赖于对方的行为；弱互惠行为是要依赖于别人的行为，弱互惠者愿意支付短期成本来帮助别人仅是因为可以从中获取长期或间接利益；强互惠行为则是在目前和未来都不能期望得到任何回报的情况下支付成本来奖励公平和惩罚不公平的行为。

人类社会之所以能维持平稳、公平的合作秩序并持续发展，关键不在于众多的弱互惠行为及零星的利他行为，而是得益于几近职业化的一批"强互惠者"与"强互惠组织"。

二、价值论的高等教育学意蕴

价值论是探寻人类生活理想目标的哲学分支，作为人类社会生存与发展重要组成内容的教育活动自然也在价值理论的视野之内。无论是对于个体的人还是群体的人，"以人为本"的发展理念说到底就是"以人的价值实现为本"。价值论关于人的价值实现的一系列观点和价值体系正不断校正着传统教育学的一些悖谬，更为化解高等教育、高等教育学中一些难以解释的问题和现象提供了理论帮助。

（一）高等学校教学活动中的主体与客体

现在的高等教育教学基本理论是认识论基础上的一般教育学，也就是说，认识论所解析的主体与客体关系范式被一般教育学所接受，形成了教学活动中的主客体二分局面，因此出现了教师主体、学生客体或者说教育者、被教育者等一系列的概念和范畴。认识论关于主体性有更精辟的阐释，但在人与人的关系问题上仍未完全脱离本体论的窠臼。所以，一般教育学和教学论理论仍然沿袭这种哲学观点，一定要分出教学活动中的主体与客体，一定要使"教育"这个动词具有及物性。一般教育学和教学论中的一个重大谬误就是建立了教育活动参与者的主格与宾格，这些"理论建树"又被简单移植到高等教育学或高等学校教学论之中。

现在的高等学校教学活动依然存在何为"中心"的问题，这种争论没有脱离"中心主义"的框架，无论是"以教师为中心"，还是"以学生为中心"，抑或"以知识为中心"，都没有揭示高等学校教学活动的本质，其理由有二：一是这些理论基础源于一般教育学和教学论，以基础教育为主要研究对象的理论成果只能是"一般"，不能完全适用于高等教育这种"特殊"；二是高等学校教学活动中的人的地位无论是从瞬时性还是从长远性来看，是相互变化的，明确谁为中心毫无意义，其显著特征就是活动的主体间性。

从价值论观点来看，高等学校的教学活动客体就是教学活动本身。教学活动作为一种综合性社会事务，具有丰富的有用性，能够满足主体各自的需要。另外，该活动的上位主宰是制定教育目标和举办学校的人或组织，他们要实现目标和价值，就必须以教学活动这种方式来体现；活动的下位主宰就是无限的物化条件，如人类的知识、教学设施、教学组织与管理者等，他们的价值都需要在这种活动中实现交换。

（二）高等学校教学活动是一种主体间性活动

在价值论的主体间性观点下，高等教育这种人类非常普遍的教学活动的存在实际上就是一种主体间性存在，活动中的各个主体是一种交互关系，在这个主体间性活动之中，有三个显著的表征。

第一，是主体的多重复杂性。高等学校教学活动的参与者非常多，按照人的文化价值实现理论，凡是"意识到"的相关需求者都可以视为教学活动的参与者，而不仅是教师和学生。教育目标的设计者、学校的举办者、教学管理者、学生背后的家长、将来的雇主、教师背后的家人及教师和学生两大利益相关者群体都是高等学校教学活动的主体成分。教学活动的主体从表面看是教师和学生，这是静止的观点；从主体间性上分析，高等学校教学活动所有价值期盼（需要或满足需要）都应该得到实现，这是价值的目标规定性。当然，这些主体可以分层分级，教师和学生是第一阶梯，教育目标设计者和学生家长是第二阶梯，教学管理者和教师、学生的利益相关者群体是第三阶梯。这种分层分级只是相对的，在高等教育大众化、普及化的情况下，教师和学生这种"一线主体"也不一定有自己真实的需求或满足需求的愿望与能力，这种情况另当别论。

这些复杂主体的共同点是都是理性行为者（与基础教育不同），他们的合理诉求都应该得到尊重，活动中的主体角色转换、个体差异都应该得到包容。

第二，是价值及价值关联的客观存在性。高等教育复杂的主客体关系决定了教学活动的无限丰富性，但是，并不能为这种丰富性所困扰、迷惑，甚至束手无策。这一切的主体及作为非主体的物化成分，在这个活动中都具有价值，都具有价值表达功能。这就是高等学校教学活动所必须显现的特殊过程，基础教育可能不一样，可能作为主体的学生根本就没有求知需要，因为他们还是非理性的人，但高等学校完全不同，学生无论如何都是具有求知、成才欲望和需求的，这时学生是主体，谁来满足这种需要？教师可以具备条件，书本可以具备条件，网络也可以具备条件，学长与同学也可以基本具备条件，而广阔的社会生活实践也可以。这说明，高等学校的价值关联不仅是客观存在的，而且是无限丰富的，满足活动主体需要的供给者不是唯一的。

第三，是活动结果的临界性。所谓活动结果就是价值实现的目的，基础教育（尤其是义务教育）阶段的教学活动结果是知晓人类的既往文明，为探究未来、利用自然与社会规律做准备。随着社会的发展进步，这种以"知晓"与"准备"为目的的阶段越来越长，但高等教育作为人类教育活动的最后阶段，前面的"知晓"目的已经退居其次，主要是面向社会与自然实际，开始尝试认识、探究、利用人类社会和自然世界的规律。这种活动一要有分工（专业划分），二要开展直接的尝试活动。这种教育与社会生活之间的临界性是解释现行高等学校教育中"知识（教材）中心""教室中心"等弊端的有力理论武器，正因为临界性，教学活动中的很多面向对象的认识问题都没有统一标准，尚在探索之中，所以要有探究性教学、研究性学习、讨论式教学等教学模式，一切以"标准答案"为教学效果检验依据的做法不可取。

总而言之，高等教育以上的三个显著表征一方面为研究高等学校教学活动提供了视角，另一方面也直观地驳斥了移植一般教育学和教学论的荒谬所在。高等教育教学与基础教育教学的大前提是完全不相同的，有些本该属于高等学校教学基本规定性的东西反被用到基础教育领域，这实际上是当今社会关于教育价值的混乱与无序。

（三）高等教育的价值实现

价值实现是主体论研究的一个新视角。以前的主体论重点研究价值本身，主要从价值构成、价值生成、价值变异等方面入手，解决的是价值"be"问题。现在，哲学也面临从天堂回归人间的问题，这就要解决价值"to"问题。价值实现就是突出价值的实践属性，使原有的价值从潜在状态变为行为表现，并可以被感知。

高等教育作为人类社会教育生活的一个阶段或直接就是一种人类社会生活（不从属于教育生活范畴），其根本目的就是价值实现，包括主体的价值实现、对象的价值实现和活动的价值实现。就主体的价值实现来说，至少有学生为实现个体全面发展的价值诉求、教师为达到成就认可与事业发展的价值诉求、学校为体现社会功能与发展力的价值诉求、政府为提高国际竞争力而发展高等教育的价值诉求，以及社会有寻求人人发展、人人公平、人人贡献的价值诉求。高等教育活动对象的价值实现就是实现知识育人和功能服务，活动本身的价值实现就是培养教师与学生共同探索社会、自然和人类自身的发展规律的能力，从而进行相关认识和探索实践。

因此，以往关于大学功能的三分说实际是机械主义的产物，对特定大学和一般高等教育来说是正确的，但也在世界范围内误导大学的发展，形成了大批同质化大学、模式化大学的发展思路，即高等学校的价值实现就是基于自身目标的价值转化，与外在的功能规定性毫无关系，即使强加上也不可能实现目标。

由于人类文化存在中包含着许多非理性的东西，如风俗习惯、伦理道德和宗教信行二信思想，有些政治、法律、礼仪、制度等也是在非理性的价值思维肯定基础上建立和发展起来的，会影响人的价值思维及价值实现，因此，价值实现理论要求通过与人的教育来排除这样或那样的非理性思想。所以，教育者首先必须受教育，要想别人提高理性首先自己必须符合理性。即使受教育者的觉悟尚未达到理性的高度，或者他的思想、行为尚包含着非理性，也必须尊重他、关心他、爱护他。只有先尊重他、关心他、爱护他，才有可能启发他、教育他、改变他，而且还必须出于真诚的愿望和善良的动机。对人的非理性决不能采取粗暴无理的态度，更不能愚弄他们、戏弄他们，否则就会陷入以非理性对待非理性的地步，那是绝对达不到理性教育的目的的。这就是高等教育的真谛所在。

三、价值论视角的高等学校教学方法

教学方法的价值问题一直有人研究，并可以把过去的所有研究（包括中小学教学方法研究）都归于教学方法价值论研究（尽管高等学校教学方法价值研究还相当不足），教学方法的价值研究是解决教学方法"有什么用"的问题，是静态的观点。而静止意义的教学方法是毫无意义的，只有价值实现的动态过程才是教学方法的真实性所在，但这方面的研究几乎没有人做，笔者把这个问题称作教学方法价值实现论研究。

（一）价值实现：高等学校教学方法的本质与核心

教学方法价值实现主要从教师的价值实现、学生的价值实现和学校的价值实现三个方面展开。其他凡是涉及教学活动的功能主体（人、物或机构）都存在教学方法价值实现问题，但都不是主要的，比如，教学管理者们的价值实现实际就是代表学校的教学价值实现，黑板、投影、幻灯、多媒体、网络等教学设施的价值实现是附属于教师和学生两个主体价值实现之中的。所以，从根本上说，教学方法分类不能细化到器物或技术层面，器物或技术层面的教学方法研究不是教学论研究的范畴，研究出了什么结论也一定是短命的。教学方法首先是教师的价值实现，这不难理解，教师的社会职业价值就是传授知识和培育人，这个价值实现得如何，就看教学方法。所以，教学方法创新是教师的传授性价值实现。学生的价值实现长期被忽视，为什么要到大学里来？要每一个学生都准确回答这个问题其实是非常困难的，或者说过去乃至当前很少有学生能够回答出来，很多学生可能就是"为上大学而上大学"，或者"为了有一个更好的工作"，这其实都不必非上大学不可。学生的价值就是通过接受知识和教育而成才，那么学生的价值实现就是如何有效接受知识和教育的问题，教学方法是最重要的媒介，可以称为接受性价值实现。学校的价值实现就是将学校设计的人才培养目标转化为现实的合格人才。相对于教师和学生的价值实现，学校的价值实现要单纯一些、中立一些，这里的单纯不是指类型与规格，而是指实现过程属性的基本要求不是瞬息万变的。

教学方法中的价值实现问题是研究中的空白环节，其主要原因是忽视了教学方法应该作为学生价值实现的客观存在这一问题，一直以为学生就是教育对象，处于被动地位。大学生尽管也是学生，具备"学生"的一般属性，但毕竟是"大学生"，无论是"大学之生"还是"大的学生"，都不能与通行的"学生"画等号。一方面是大学的特定环境决定了这里的学生不能与别的学校学生一样；另一方面是这些学生确实已经"大"了，成人了，也基本成熟了，他们被称为是"年轻的成年人"，这就决定了他们应该有自己的价值目标及实现价值目标的个人诉求。

在教学活动的价值实现过程中，无论价值主体的变化如何，归根到底是人与人之间的关系，是主体间的关系，而这种关系是充满文化意义的。在处理主体间关系时，绝不能只把对方看成客体，而必须把他也看成是主体。高等教育作为人类社会最为理性的活动，目的是建立一种理性的主体间关系，而不是建立人与自然界的那种机械的主客体关系，即认识主体与纯粹客观对象之间的那种关系，更不是建立主仆关系、统治与被统治的关系。因此，必须克服仅从自我合理性出发而否定他人的合理性的现象。

价值实现是高等学校教学方法的评价尺度，教学方法就是教学活动主体间的价值实现。在这个过程中，主体间、主体与对象间具有不同的价值诉求及为满足价值诉求、达到设定目标的丰富而复杂的程序，甚至价值目标也在不断修改，主客体角色也在不断转换。

（二）高等学校教学方法的特定表现在于师生感受共轭

既然高等学校教学方法的本质是价值实现，那么在这个复杂活动中可以考量的"质"是什么？这是一个绕口的话题，就是用什么方法来知悉教学方法，用什么标准来判断教学方法。作为价值实现的结果，可以用目标的实现程度来度量和检验，而关于价值实现过程本身状况的评判就只有用"感受共轭"来表达。

共轭本是一个自然科学术语，在数学、化学、物理学、生物医学等领域都有这样一种现象或规律，它们的共同点是有至少由两个要素构成的关联体，比较有代表性的比如数学中的共轭复数（实数部分相等而虚数部分互为相反数的两个复数）、物理学上的共振、生物医学中同时发生在同一轴上的平移和旋转活动或在一个轴上旋转或平移同时伴有另一轴的旋转或平移运动的脊柱运动现象，最典型的就是化学中的共轭——氧化与还原反应中电子供体 AH_2 氧化成 A 时，电子受体 B 必须还原成 BH_2。常说的"有机组成部分"的"有机"关系就是指这种两个或两个以上元素间的"共轭"效应和关系，而不是无厘头的一句空话。因为，共轭效应和共轭关系是有机化学的一个重要特点，而且还具体分为正常共轭、多电子共轭、超共轭效应、d 轨道接受共轭等多种情况。

有机化学领域的这种"共轭效应"是由于分子中原子群体之间存在的相互制约、相互配合和相互影响的作用，从而使整个有机化合物的分子结构更趋稳定，内能内耗减少，分子极性增大，抗力增加，外力不容易破坏它。在有机化合反应中形成共轭效应的关键是使每一个原子按照其在分子结构中的相互关系和各自"角色"，重新整合定位，相互作用、相互制约，"取长补短"，形成结构稳定、抗力增强的新生有机体。作为反应发生的诱导效应是指在有机分子中引入一原子或基团后，使分子中成键电子云密度分布发生变化，从而使化学键发生极化的现象。根据电子云密度情况，引入原子或基团的"极化"有时是正的诱导效应，有时是负的诱导效应。

感受是人所处的各种外部情境的刺激与个人心灵反应的核心接口，一个人对外部情境乃至世界的所有理解和认知、经验的累积、思维和能力的提高都始于感受这个基本环节。感受和心灵的关系非常密切，任何的感受都会产生特定的心理活动，特定的心理活动也会产生相应的感受。教学活动中，仅就师生两个主要参与者来说，情况是各自感受着客观存在，而且作为一节课、一门课程，教学活动的目标也应该是共同的，那么联结师生感受的就是教学方法，只有师生为了共同的教学目标所怀有的教学感受达到一致时（共振或互补），这个活动才是完整的。所以说，"感受共轭"是教学方法的实际表现形式。当然，除了师生双方的感受，还有其他方面的感受，如教学管理者、教学方法观察和评判者、教学目标制定者等，他们都会对一节具体的课、一门具体的课程有着各自的感受，但不是方法的直接"共轭体"，而是间接的"共轭关系"。

由于没有充分认识到高等学校教学方法的共轭性，教学方法问题长期徘徊不前，莫衷一是，教学方法的好坏不知是教师的原因还是学生的原因，抑或是评价者的原因。

（三）高等学校教学方法的"小而全"性

按照价值论的视角，高等学校教学方法的实质是以师生为主要代表的多方利益关联目标的价值实现，具体表现形式是师生的感受共轭，那么它的特点是什么？从现有教学方法研究和应用成果及实现教学方法的目标价值来看，高等学校教学方法的显著特点就是"小而全"，必须具备了"小而全"特点的教学方法才是有效的教学方法。

高等学校教学方法的"小"是就教学方法概念本身而言的。无论在高等学校教育教学活动范畴还是在概念体系内，教学方法属于非常"下位"的概念，仅高于某个被运用的具体手段或措施。虽然"小"，内涵与要求却一应俱全，缺一不可，好比一个细胞就是一个生命体的最基本单元，教学方法就是基于教学活动范畴的"细胞级"概念，细胞因为基本结构和功能都具备才被认为是生命的基本单元。教学方法的"全"在于两个方面：一方面，它是一个具有内部环境范畴的概念，这些环境具体有哪些，也许就如人体的"经络""气脉"一般，存在而尚难具体地机械化地加以分别，也就是说，在"感受共轭"环节，有无限丰富的环境因素在不断进行主客体间的转换、信息流的发生与反馈等；另一方面，它具有无限多的具体信息传递、情感激发手段和措施及措施的组合，而且这些手段和措施及其组合又在不同的学生和教师间演变。因此，要想使一节课或一门课程"受欢迎"，必须具备"小而全"的基本特征。

以前，基本没有把教学方法作为一个完整的活动概念和范畴来分析。也就是说，用整体思维观点对教学方法的这个微观系统的建构还不够，现在要更深入地进行这个微观系统的创新，逻辑上缺少了一个上位环节。所以，在研究实践和研究"教学方法创新"这个命题时，总感觉无从下手，不着边际，以至于推广不开、影响不广、价值不大。

第三节　教师的职业价值及教学方法创新主体

一、教师的职业价值

顾名思义，"教师"是一种社会职业称谓，无论是何种层次教育机构的教师，教书育人是其天职，"教书"是指教学方面的活动，"育人"是教书的根本目的所在。当然，实现"育人"目标还有其他很多途径，"教书"不是唯一途径。具体来说，"教书"关键在于"教"，就是典型的教学活动，包括教学方法问题；"书"只是作为知识体系的一个形象指代，但不仅局限于教材和课本。对于高等学校的教学来说，很多情况下没有"书"也能够教，小的可以是师生参与一次实验或实践，大的可以是探究自然或社会某一方面的现象和规律，大学教师如何对待这个"书"大有文章可做。

（一）"三分法"职业价值缘起及其盛行

现代大学被赋予人才培养、科学研究和社会服务的职能之后，高等学校教师的职业价值取向就发生了严重分异：有的专注于教学，有的致力于科研，有的热衷于科技开发等社会服务。高等学校教师职业价值取向的这种分异也许都有一个必然的震荡期，震荡期过后必然回归。高等学校是探究高深学问的场所，高等学校教师所从事的工作就是学术职业。这种学术职业随高等学校社会功能的演化而不断分化与综合，在早期的"象牙塔"高等学校内，教师传承学问及与学生一起探讨学问就是全部的学术活动，教师职业的主体任务比较简单。后来，随着学科的分化和社会的进步，大学的科学研究、人才培养和社会服务使命使教师进行了学术职业发展的重新定位，一部分大学教师专门从事科学研究工作，一部分重点进行人才培养工作，还有一部分专事社会服务与技术开发。即使是具有三重使命的高等学校，采取这种"三分法"的措施来实现学校整体功能也是合乎情理的策略，但很多情况下，高等学校教师是在大学的这三大功能中不断进行着角色转换，甚至是利益的博弈。

因此，端正高等学校教师的科研态度，进一步明确高等学校教师的科研价值是当务之急。

（二）重塑高等学校教师职业价值和培育职业价值感

作为一种当下的应景之策，高等学校把所有教师都作为学校社会职能的实现者加以指责规定，在管理上虽然达到了简便易行，但违背了教师职业的根本价值原则，带来了一系列的不良后果。高等学校教师的根本职业价值不能因机械的"三分法"而具有三重性，它的本质就是以人才培养为核心的学术活动，科学研究和社会服务都是为提高自身业务素质和人才培养质量服务的，也是引导学生认识社会从而成长成才的必然途径。一所高等学校可以有三个甚至多个社会职能，但高等学校教师的职业价值只有一个标准，这是本和末、表和里的关系，相互之间不能颠倒。钱伟长早在 20 世纪 80 年代谈到高等学校教师时就有一个非常直观的表述："你不教课，就不是老师；你不搞科研，就不是好老师。"高等学校教学活动的本质和特点决定了以探究学术为标志的科研活动是教学活动的任务之一，不能把高等学校教学活动纯粹理解为中小学那种以传授知识为主要任务的教学，教师和学生本身都肩负着学术活动任务。

明确了这一点，就要匡正和培育高等学校教师的职业价值感。职业价值感是每一个社会工作者通过对自己所从事职业的价值进行自我判断、对自身职业工作可能取得的成就进行基本估计、对社会所产生的回报和影响进行满意度评价等所形成的基本认同。这是衡量一个社会职业者是否爱岗敬业的基本标准，传统的职业价值有经济价值、安全价值、伦理价值等，而现代的职业价值则扩展到包括个人认同、自我价值实现、个人成长和成就感、人际交往等方面。简单来说就是社会职业幸福感，作为高等学校的教师，当然是既要让自己获得各方面的幸福，也要使学生获得应有的成功与幸福。如果一名教师连自己到底要实现一个什么样的职业幸福目标都很恍惚，最后的结果自然是什么也实现不了。我们经常听到高等学校教务处处长说教师们的科研任务重、压力大，用到教学上的精力不足；又有科研处处长说现在教师的教学任务如何如何重，师生比达到了多少，没有精力搞科研。这难道就是高等学校的一个难解之谜吗？不是，这只是一种体制化的缺陷和逃避责任的遁词。那些科研搞得好的教师是不会说这种话的，而且就中国的绝大多数高等学校来说，其所开展的"科研"由于原创不足或技术保障条件不足而毫无创新价值。高等学校教师及教师和学生一起所进行的科学研究工作只不过是探究社会和自然规律的一点点常识，却是人才培养过程中的一个有用环节。虽然科研成果在人类发展历史上几乎不会留下什么，但这个过程是人才培养所必需的，因为教师培养出来的学生或学生的学生具有了探究和认识的能力，就可能会取得更加有用的成果。因此，教师的职业价值感不是来自一篇论文的发表、一个项目的获得，而主要是一种对接班人的未来创造抱有希望的期盼。

高等学校教师的职业价值不应仅定位于谋生的手段，也不能简单地被看作是完成任务，只有将职业的价值提升到与个体对生命价值的追求相一致的高度，才能最大限度地激发个体对职业的认同感、归属感，从而才有可能最大限度地使个体投身于教学。同时，高等学校教师也不能把职业价值局限于个人幸福之中，一个有价值的科研活动、一个学生的培养，都不是仅凭教师一己之力就能实现的。因而，要增强团队幸福意识，这会促使教师无论是在教学还是在科研活动中，始终发挥集体的力量，这样就会创造幸福、给予幸福，共同分享职业工作的幸福。

二、高等学校教师是教学方法的"强互惠者"

爱因斯坦曾对教育给出过一种与众不同的定义："如果一个人忘掉了他在学校里所学的每一样东西，那么留下来的就是教育。"这种从学生角度出发的教育定义开阔了我们的研究视野，对学生来说，能够留下来的有用的东西就是方法，包括思维方法、学习方法、解决问题的工具性技能等。被称为"力学之父"的钱伟长院士自称从来也没有专门学过力学，那么一定是其在物理学中所学的一系列方法及"国家需要"成就了他的力学建树。所以，教学方法就是在教学活动场域中能有效培育学生的看不见摸不着的方法之法，是承担整个高等教育活动根本任务的业之重器。

在传统的认识论看来，教师是绝对主体，学生与学科对象一样是教师认识和活动作用的对象，照此逻辑，高等学校教学方法的使用及创新自然就是教师的事情。但是，价值论的观点与此不同，价值论认为学生是教学方法的需要主体，教师的方法只是满足学生需要的客体，只有这些方法满足了学生的需要，教师的价值才能体现。这样，似乎教学方法创新的主体就应该是学生了。这种纠结实际上是很多社会现象所共有的，也一直是人们努力探究的问题。

　　强互惠理论虽然才诞生 10 多年，但可以解释一些复杂问题和现象。教育这种与人类相伴而生的复杂社会活动正是因为人类具有区别于其他物种的先天性强互惠行为倾向，才维持和加强了人类的非亲缘性和交互性的高度合作关系。教育从劳动中分离出来是人类最为成功的一次强互惠，带着这种秉性，教育活动内部主体之间也普遍存在强互惠行为，即一切教育活动，包括教师的一切活动都是在目前和未来都不期望得到任何收益的情况下支付成本来奖励公平和惩罚不公平的行为，其终极目的就是人类自身的发展。如果按照弱互惠观点，教师选择使用的教学方法必须依赖学生、教学管理者等人的行为，且对方愿意为教师的这种付出现实成本的选择给予直接或间接的利益回报。这显然就是过去及当下教学方法创新不足的症结所在，教师不愿意为之付出成本或风险，学生及教学管理者也没有承诺兑现相应的利益回报。因为教学方法本身是一个难以在眼前评说的"无形价值体"，其效果的滞后性就是爱因斯坦就教育所说的在学生多少年后"所留下"的，加之学生认知滞后的惰性抵触，学校也不对教师教学方法创新风险给予保护，所以这种交互乃至重复交互性的弱互惠根本就不在高等学校教学方法的选择和运用上，教师和学生是平等的主体关系，但无论是静态观察还是动态计量，教师群体都是少数，学生群体是绝大多数，因此在教学方法的选择上，就不能按常规的"多数派民主"决定，必须由教师方承担主要责任。当然，承担责任不是逃避责任（弱互惠条件下是可行的），而是要将这种责任实施下去。因为在学生群体中，众多学生从小习惯了被安排、习惯了中小学教师的那种讲授式知识传递方法，不愿意甚至不可能提出积极的方法建议，事后也只隐隐约约地"觉得"这种方法"对胃口"或"不对胃口"，很少在教学活动现场表达"感觉"。因此，教师要从高等教育的根本目标出发，深刻理解大学生的智力特点，主动对教学方法进行改革创新。这种行为对教师来说，需要付出复杂的劳动成本和风险成本，但教师职业的社会性决定了教师就是要为人类社会培养更多具有认识社会发展和世界变化规律能力的人，丰富多彩的教学方法可能对相当一部分学生是"惩罚"，但一定能够达到维持和提高社会人才培养水平的根本目标，教师的个人成本付出是不需要言说或回报的。实际上，这正契合了社会对高等教育的期望，也确实符合了相当一部分学生的需要，高等学校的教师们要迈出这关键性的一步，积极踊跃地充当高等教育活动的"强互惠者"。

第四节　大学教学方法创新的原则

建构高等学校教学方法创新理论是为了推进高等学校教学方法的创新实践。高等学校教学方法创新的原则是以基本创新理论为前提，按照激化矛盾冲突、假设科学有效和追求教学效率（师生的价值实现）最大化的基本规律，指导和规训创新实践的准则。以适切性为特征的创新原则和以有效性为特征的创新目标是不断发展变化着的，不是判断教学方法的唯一价值标准，它们在不同教学情境下遵循不同的要求，不可一概而论，否则就会抹杀高等学校教学方法的复杂性和丰富性。

一、高等学校教学方法创新的逻辑起点

任何原则都不是无缘无故的，对于"创新"而言，原则的形成虽然具有一定的历史渊源，但设定一个逻辑起点是非常重要的。开展高等学校教学方法创新不能捕风捉影、泛泛而谈，也应该有相应的逻辑起点。

（一）时间的起点

高等学校教学方法创新是一个中性的表达，其内在含义是对现有的高等学校教学方法进行驳回与否定，是对高等学校教师自己的教学方法的一种批判。因此，确立高等学校教学方法创新的时间起点非常必要。我国现代高等教育始于 1898 年，到 1949 年之前总体上是学习日本和美国，尽管大学进

行着"科学"实验等西式教学，但中国几千年的传统学术中的讲解法依然阵地强大，甚至几欲掩埋西式教学。所以，1898 年不是高等学校教学方法创新的时间起点。

新中国成立后，高等学校经过了简单的接管和清理之后重新开张，因为这时尚谈不上国家高等教育战略，仅是利用原有的一些高等学校培养革命干部，所以在教学方法上基本按照"解放区式—苏式—自创式"三个阶段发展。"解放区式"教学是指在新中国成立最初几年的大学是按照革命战争年代所办的军政学校的教学方法来教学，这种方法对培养仅有初级文化基础的革命干部是有效的。后来我国学习苏联经验，"苏式"教学可以被认为是精细化的"解放区式"教学，所以在新中国成立前 10 年，这两种教学方法得以很好地融合，并主宰着中国高等学校的教学活动。但是，这种教学方法毕竟与西方现代大学的教学方法及逐渐发展起来的人才需要的实际情况格格不入，所以开展教育改革已是势所必然。

1977 年恢复高考招生制度以来，我国高等教育进入了有序发展阶段，高等学校教学方法创新或者说人才培养模式创新被高度重视，各种改革创新措施不断涌现。但是，不能因此就把 1977 年作为我国高等学校教学方法创新的时间起点。因为，我国高等教育的发展虽然时间较短，但是经历了重大的阶段性变化。从 20 世纪 80 年代初开始，在高等学校教学秩序基本恢复的基础上，一批以 20 世纪 50 年代初回国人员为代表的高等学校学者们开始呼吁教育的全面改革，其中最重要的一点就是拓宽过窄的专业口径、淡化学科专业界限及培养复合型人才，从而引起了教学方法的改革并出台了《中共中央关于教育体制改革的决定》。以此为标志，以发挥自主创新和学习国外经验并举为特点的新一轮高等学校教学方法改革创新开始启动。这场延续十多年的教学方法改革创新历程在 20 世纪 90 年代初也受到过市场经济与功利主义的侧面影响和校园信息网接入的冲击，但总体上形成了与当时高等教育格局和人才培养目标基本相适宜的教学方法体系。在世纪之交，我国又开始了以 1999 年高等学校"扩招"为发端的高等教育大众化进程，到 2003 年基本迈进"大众化"门槛。这时，以高等学校人才培养质量为"引子"的"教学质量"话题成为社会的热点，也成为高等教育界必须面对的现实问题。从前的教学观念、教学方法都是与"精英化"阶段相适应的，如今已然进入"大众化"阶段，原有的一套行之有效的方法必然失灵。这很正常，这不是教学方法本身出了问题，而是教学方法发挥作用和价值所依赖的外部条件发生了变化。因此，以 20 世纪 80 年代中期作为开展高等学校教学方法创新的时间起点是比较合适的，它既观照了我国基本稳定的高等教育"精英化"时代的教学方法，又直接面对已经进入"大众化"的高等教育的实际，特别重要的一点是 20 世纪 80 年代也是我国高等教育学科建设及以教学为重点的教育科学研究全面兴起的时代，近 40 年来的研究成果比较丰富，对现实的教学影响比较大。在"大众化"这个阶段，我国的高等教育发展可能会有相当长的一段路程，这就决定了适应高等教育"大众化"的高等学校教学方法创新不是一蹴而就的事。

（二）对象的起点

教学方法是可感可见的，教学方法创新也不是创造和发明新的教学方法，而是对现有方法的合理利用和优化整合。所以，要进行教学方法的改革创新，必须明确对什么教学方法进行改革，这是教学方法创新命题的落脚点。

教学方法的内涵比较复杂，有些研究者在论述教学原则时似乎就站在"教学原则"的立场，把教学方法的使用也包含了，例如，因材施教原则不能理解为教学内容和教学对象的因材施教，对具体的大学生或者中小学生的教学，内容基本是固定的，所不同的是方法和手段；也有些研究者把它泛化成"教学模式"，有些又把它极端化为"教学过程"（极小的瞬间或者极大的一节课）；更多研究者则是把它分化成具体形式。在教学方法的分类问题上，有研究者把教学方法按照在教学活动中使用主体的偏向性分为主要服务于教师需要的和主要服务于学生需要的两类，那么，究竟针对教学方法的哪一个问题进行改革创新？对象不清，创新从何而来？

上述问题的每一个层面都有值得改进的地方，但创新所要求的是进行根本性的变化，那么属于微观改进的方面就不在创新范畴之列。对于究竟是针对教师的方法还是针对学生的方法进行创新，这种分析本身毫无缘由，是"工具理性"思维方式的结果，因此不存在针对方法使用主体的创新。实际上，教学方法的根本问题是选择和使用的问题，因此，对于教学方法选择和使用的基本指导原则、多种方法的组合关系（或称教学模式）、教学方法使用效果的评估都具有创新价值。

（三）范围的起点

高等学校是一个庞杂的体系，在这个体系中，既有不同层次和类型的学校，也有培养不同层次和规格人才的任务，所有的学校和人才培养过程中都进行教学，都需要教学方法改革创新，但其中的差别是非常大的。在研究型大学和教学型大学之间、研究生教育和高等职业教育之间，教学方法本身就不能相提并论，各有特点，相互之间的借鉴和学习也许就是一种创新行为。因此，就一般创新来说，立足点是普通本科教育教学活动中的教学方法。

二、高等学校教学方法创新的原则

20 世纪 80 年代以来，随着高等教育学研究的兴起，高等学校教学理论与实践日益丰富，也引进、提炼出很多"教学原则"，其中有很多属于教学方法范畴的原则，但教学原则只是关于教学方法选择和使用的一部分原则，不是教学方法创新原则。创新理论最先由美国经济学家熊彼特于 1912 年建立，一百多年来，人类社会的创新理论和实践也在不断发展。

一般而言，创新就是在有意义的时空范围内，以非传统、非常规的方式先行性、有成效地解决社会、经济、技术等问题的过程。创新包括五层含义：① 它是一项活动，目的在于解决实践问题；② 它的本质是要突破传统、突破常规；③ 它是一个相对概念，其价值与特定的时间、空间密切相关；④ 它无处不在，人人可为；⑤ 它以成效和结果为最后的评价标准，可分成若干等级。因此，教学方法创新实际上就是教学方法选择和使用的变革问题，教学方法创新原则就是用来指导教学方法创新活动的相关规定。

根据创新活动这样一些规定，高等学校教学方法创新的基本原则有如下五种。

（一）科学性原则

高等学校教学方法创新无论是在方法论层面还是在具体的教学艺术与技巧层面进行，都必须是科学合理的而不是随心所欲的，是科学性与艺术性的统一。同时，创新活动还必须同时符合相应学科规训和教育学科规律的基本要求，违背任意一方面的基本要求，创新就是为创新而创新的形式主义，不仅不能达到理想效果，还会歪曲教学方法创新的本来面貌。

为了做到教学方法创新符合科学性原则，在创新活动实施之前就应当对创新活动的实施及结果进行基本评估，使其尽可能更合理一些，操作更便捷一些。

（二）相对性原则

创新本来就是相对于原有状态而言的，任何创新都不可能达到绝对的最优、最佳、最先进的程度。教学方法创新的相对性，是针对人类既往所使用的一切教学方法而言，是总结和继承传统教学方法合理成分而开展的相对完美的改革，没有过去就不可能有教学方法创新的未来，无论是从具体形式、组合方式还是所产生的后果来看，只要取得了相比以前更好的效果，就是成功的创新实践。真正的教学方法创新必须是能够推广的，而不是"独门绝技"。以前的很多教学方法改革创新，虽然在个别或局部产生了比较理想的成绩，但是推广价值不大，影响面小。相对性原则是开展教学方法创新所必须坚持的一项基本原则；否则，一切创新都会成为过眼烟云，不会给高等学校教学留下有价值的经验和财富。

（三）适切性原则

教学方法创新的基本要求是符合教学需要，创新是实实在在的实践活动，不能有理想主义的侥幸心理。教学方法创新设想一定要适合教学内容、教学对象、教学目标及时代与社会的需要，方法是服务于内容、服务于主体、服务于目标、服务于环境条件的，不同方法适应不同的内容、主体、目标和环境。因为高等学校的这几个基本教学要素几乎时刻在变化，这要求教学方法创新活动也必须每时每刻无处不在。即使是同一个教学内容、相同的教学目标和同一个教学时空，学生的情况也各不相同，教师可以尽最大努力实施多样化教学方法或调整不同的教学进度。

（四）开放性原则

高等学校教学方法创新需要有一个开放的环境和宽容的氛围方能顺利进行，现有的各种管理、评价、考核制度不是鼓励教学方法创新，实际上是限制甚至是扼杀了教学方法创新。就教学方法创新的内在需要而言，一要有开放的视野，不能仅在教育学的圈子里也不能仅在已有的高等教育学圈子里打转，创新就是突破和超越，站在井底就超越不了井口的视野，因此要鼓励多学科、多领域、多国度地学习借鉴，当然，这种学习借鉴必须是认真消化了的、契合高等学校教学基本要素需要的；二是在教学管理上对待教学方法创新也必须是开放的，不能把课堂规定得太死，课堂就是教师和学生的课堂，要提倡把课堂还给教师和学生；三是在教学方法创新结果及评价方面也必须持开放态度，既然是创新，就要允许有多样化结果，甚至容忍失败，而不能用传统的结果观念和标准考量创新的教学实践活动。同时，在评价某位教师的某门课程的创新价值问题上，也应该科学地看待评价主体（学生）的认识能力及其当下的感受，有时当下的感受可能是不真实的，需要很长一段时间加以内化、比较以后才能做出客观的评价，所以不应一味苛求课后即时评价的好评如潮。对教师来说，所谓的教学风格主要也是运用教学方法的相对固有模式，这种模式不在于让每一次教学活动都感受深切，一定有所变化、有所改进，风格是在一届又一届的学生事后评价中产生的。

（五）公利性原则

公利即公共利益，与私有利益相对。在人类社会发展中，对负面的"私利"的研究和剖析较多，而对普通的"公利"熟视无睹。公与私是一种系统联结概念，并非对立。公的根本价值在于为私服务，在于为私与私之间的利益分配提供公平保障。"公"是一个相对概念，从小处说是"私之外"，从大处说有国家民族之"公"、有人类社会之"公"；利就是具有某种可用性的价值体，分自然存在物之利和人为事物或事务之利两种。高等学校教学方法属于人为的无形有用价值，无论是使用还是创新，都属于公利范畴，按照强互惠理论就是一种典型的公利行为，如人类教育的产生（一些人不劳动而集中学习成长）、义务教育的规定性、高等教育大众化进程等都是宏观的公利性，教师在教学活动中的教学方法创新必须是公利性的。

作为一个具体个人的教师，公必然源于私，但是一定要注意处理"公心"与"公利"的关联。尽管出于"公心"，但要明确利为谁谋，不是当下的自己和学生，教学方法的评价也不是当下的评价。私心谋私利，公心不一定都是谋"公利"，为了眼前的"公"谋利，是一种有回报的弱互惠交换行为，算不上公利性。公利性也不是常见的平均主义式的公平利益，而是适宜每个学生发展的内在的公平之利，用一种方法对付全体学生不是本书的"公利性"所要求的。

第五节　大学教学方法创新路径与评价

教学方法创新路径与创新评价是高等学校教学方法创新活动中两个重要的实践要素，对这两个问题的研究，既可以是对过去或现存状态的追寻或总结，也可以是对未来教学方法创新的价值建构。

一、高等学校教学方法的创新路径

教学方法的工具理性决定了它没有意识形态的栓结，无论是过去已经存在的教学创新方法还是未来需要着力改进的新的创新方法，无论是各种自创的创新方法还是学习借鉴而来的创新方法，都值得被推崇，但都要客观地分析教学方法的人文环境的适应性和技术支撑条件的差异性，不能盲目。

就教学方法创新的基本路径而言，科学性和新奇性是两个基本判据。在创新理论部分分析了教学方法的内在规定性是"价值实现"和"感受共轭"，这对教学方法创新实践同样具有理论指导意义，"价值"是科学性创新路径的规定，"感受"是新奇性创新路径的规定。无论是自创还是借鉴已经存在的教学方法，教学方法本身的价值或科学性一般不应存疑，因此对于"感受"所必需的新奇性要加以重视。

在具体阐述教学方法创新方法之前，必须提示两点：一是在方法创新过程中，借鉴国外高等学校教学方法是一个有效途径，这个途径提高了教学方法的丰富程度，感受性的最大特点就是丰富性，丰富性不够，师生对于教学方法的感受共轭就是贫乏的；二是要重视教学方法的人文环境适应性和技术支撑条件差异性的存在，在学习借鉴时，要根据不同对象分析该方法创制的原始背景，再加以利用，同时要注意克服推行过程中的技术限制因素，尝试其他途径或通过相关技术解决问题，这本身也属于创新思维范畴。

在教学方法创新实践活动中，掌握一些创新原理和方法只是能否实现创新的前提，不是解决创新的灵丹妙药。只有不断深入学习，深刻理解创新方法，积极开展创新实践，才可能有效地掌握创新方法，取得创新成果。结合创新理论原则和高等学校教学方法的历史与现状，总结分析得出成功而有效的教学方法创新方法主要有以下七种。

（一）组合法

无论是在自然界还是在人类社会，组合创新非常普遍。就教学方法而言，就是将两种或两种以上的方法或方法理论的一部分或全部进行适当叠加和组合，形成新的教学方法。组合法是创新原理之一，也符合教学方法创新实践。爱因斯坦曾说："组合作用似乎是创造性思维的本质特征。"组合创新的概率与空间是无穷的。据统计，二十世纪的重大创造发明成果中，三四十年代是突破型成果为主、组合型成果为辅；五六十年代两者大致相当；从八十年代起，组合型成果则占据了主导地位，这说明组合已成为创新的主要方式之一。

（二）分离法

分离原理是把某一创新对象进行科学地分解和离散，使主要问题从复杂现象中暴露出来，从而理清创造者的思路，便于抓住主要矛盾。在创新过程中，分离原理提倡将事物打碎并分解，鼓励人们在发明创造过程中冲破事物原有面貌的限制，将研究对象予以分离，创造出全新的概念和全新的产品。教学方法创新的分离法，就是把过去或原有的司空见惯的方法加以分解，按照一定逻辑关系进行整理，然后突出某一部分甚至将其扩充放大，成为一种等同甚至超越于原来方法作用的新方法。

（三）还原法

还原实际就是要避开现行的世俗规则，即将所谓"合理"的事物设定为"非"，而将事物的原状设定为"是"，就是要善于透过现象看本质，在创新过程中回到对象的起点，抓住问题的原点，将最主要的功能抽取出来并集中精力研究其实现的手段和方法，以取得创新的最佳成果。教学方法创新与其他任何创新一样，都有其创新原点，寻根溯源找到创新原点，再从创新原点出发去寻找各种解决问题的途径，用新的思想、新的技术和新的手段重新构造方法，从本原上解决问题，这就是还原创新方法的精髓所在。

（四）移植法

创新理论认为，移植法是把一个研究对象的概念、原理和方法运用于另一个研究对象并取得创新成果的创新原理。"他山之石，可以攻玉"，移植法的实质是借用已有的创新成果进行创新目标的再创造。教学方法创新活动中的移植法，可以采取同一学科领域的"纵向移植"（我国高等学校教学方法的通用手法是非理性的"下位"基础教育教学方法"上移"，而当前基础教育教学改革中则采取了诸如研究法、实验法等更多"上位"方法"下移"），也可以采取不同学科领域、不同地域的"横向移植"，还可以采取将多学科领域、多地域教学方法的理念、思维、方法等引入的"综合移植"。移植能够取得新的成果，在教学方法方面也符合"感受共轭"中的新奇性标准：没尝试过的就是新奇的。所以，在教学方法问题上，美国的许多常规方法引入到中国来就是创新，就能够产生新的效果，而中国的传统教学方法传播到美国去，也会产生意想不到的效果。

（五）逆反法

逆向思维是一种重要的创新方法，逆反法要求人们敢于并善于打破头脑中常规思维模式的束缚，对已有的理论方法、科学技术和产品实物持怀疑态度，从相反的思维方向去分析、去思索、去探求新的发明创造。实际上，任何事物都有正反两个方面，这两个方面同时相互依存于一个共同体中。人们在认识事物的过程中，习惯于从显而易见的正面去考虑问题，因而阻塞了自己的思路。如果能有意识、有目的地与传统思维方法"背道而驰"，往往能取得极好的创新成果。教学方法中有一种备受推崇的"深入浅出"法，其实从逆反法的角度分析，高等学校教学中的很多课程内容可能并不适合"深入浅出"，而采用"浅入深出"才能引人入胜。

（六）强化法

强化是一般创新方法之一，它是基于科学分析研判基础上的一种"包装术"——合理策划。强化法主要对原本一般的方法通过各种强化手段进行精炼、压缩或聚焦、放大，以获得强烈的创新效果，给人以感觉冲击。分析国家级教学名师们的教学方法，很多都是采用强化法，把普通的教学方法概念化，或者按照分离法原则把一个普通方法的局部元素加以剥离、充实，并开发到极致、应用到极致，最终打上首创者的名号。这样获得的教学方法不仅是"新"的，也是"强"的。

（七）合作法

高等学校教学活动是典型的深度合作活动，这种认识长期没有得到推广，以至于教学方法的单边主义长期盘桓、根深蒂固。改革现行屡遭诟病的教学方法，推进高等学校教学方法创新，思路之一就是从教学活动本源入手。有学者分析"对话教学法"是以师生平等为基础、以学生自主研究为特征的典型的合作创新方法，并由此推演出"以教师为中心""以学生为中心""师生关系平等"和"突出问题焦点"四种对话教学模式。其实，任何教学方法的创新，从创新主体而言，合作的路径都是无限宽广的。这是因为科学的发展使创新越来越需要发挥群体智慧才能有所建树。早期的创新多依靠个人智慧和知识来完成，但诸如人造卫星、宇宙飞船、空间实验室、海底实验室等，仍需要创造者们摆脱狭窄的专业知识范围的束缚，依靠群体智慧的力量及科学技术的交叉渗透完成创新。

二、高等学校教学方法创新评价

推进和深化高等学校教学方法创新实践的一个重要命题是是否要开展

教学方法评价及如何开展教学方法评价。教学方法评价的缺失或不当，是教学方法创新实践衰微的原因。因此，建立适合高等学校教学内容、教育对象和教学发展特点的教学方法评价机制，有利于推进教学方法创新实践活动。

教学方法创新评价的起点是教学方法常态评价，通过对教学方法的常态评价促进教师的教学方法创新，通过教学方法创新评价进一步科学引导教师的教学方法创新实践。教学方法常态评价就是分析、判断任何教学活动中教师所使用的教学方法状况及其影响，并提出建议。

教学方法常态评价的目的不在于推选出一种或几种最优教学方法，而在于促进教学方法的多元化和有效性，使学生感到满足，从而激发学习兴趣，增强学习动力，提高教学活动的整体水平和质量。"最优"教学方法是不存在的，所有有效的教学方法几乎都是组合性和适切性的产物。因此，常态评价的标准不是组织设计性的，而是一种常态模式状态下的灵活评价标准，即符合基本教学方法要素，适应不同教学内容和教学对象，教师和学生的感受趋于一致。当然，由于教学方法最后是以"感受"为评判基础的，"新奇性"创新标准经常容易被教师误用为"取宠术"——满堂取悦学生的奇闻轶事，这是在实施常态评价时应引起关注的。另外，教学方法常态评价过程必须是动态的，不能以一两次评价代替某位教师的某门课程教学方法状况。

（一）创新评价原则

教学方法创新评价是在教学方法常态评价基础上，用来引导和规范教学方法创新活动的手段之一，评价结果反映了教学活动中教师所用教学方法的科学性、合理性及有效性。进行创新评价或者评价某个教学活动中的教学方法是否具有创新性，应至少符合以下四项基本原则之一。

1. 批判性原则

与常态评价不同，考量一位教师的教学方法是否具有创新性，首要的判据不是方法是否稳妥、正确，而是方法中的批判性成分，包括该方法对教学内容常理的现行结果等是否具有反思维或质疑，对学生的问题意识、探究情怀是否有暗示作用。现行教学方法中的知识讲授、灌输等方法之所以一直被诟病，就在于它使知识显得苍白而平面，不能培养学生的问题意识和探究兴趣。在批判原则之下，可以产生较多的具体方法，只要它们具备批判属性，就都属于教学方法创新范畴。

2. 挫折性原则

无论是抽象的观念还是具体的方法，举凡具有"新"的本质属性，或多或少都有过不被立即接纳和认同的境遇，人类社会在漫长的进化史中有一个共识，就是对于"新"既怀有期盼，又保持戒备。一种新的教学方法被创设或引进到一个教学情境中，必然会有一定风险，会遇到各种阻力乃至反对，一片欢呼、推行顺畅的新方法十分罕见。这里，教师对于风险的评估及是否决定推行被视为内阻力，而遭遇风险被视为外阻力。无论是内阻力还是外阻力，都是任何新方法所必须面临的挫折；同时，这种新方法本身在实施过程中还含有"挫折"意蕴，例如，项目教学法就使学生在参与实施新方法的过程中体悟到探究和推演的复杂性和艰难，在挫折中寻求成功，进而体会新方法的意义，获得愉悦感。

3. 丰富性原则

有效的教学方法很少是单一性的，通常是多种方法的组合运用。评判一次教学活动或者一位教师一贯的教学方法是否具有创新性，应该考察其方法使用的丰富程度。在漫长的教育教学历程中，人类创造了无数的教学方法，每一种方法都没有好坏、正误之分，关键是这种方法是否适合教学对象、教学内容和教学情境。具有创新性的教学方法必须具有一定的方法种类丰度，单一的方法在现今条件下即使具有创新性，也一定非常微观，无法解决常规教学层面的问题。总结教学名师们的教学方法，发现在其"品牌性"方法之外，都有非常丰富的教学方法贯穿于教学活动之中，其中还有一些是教学方案设计之外的"非设计"方法，被教师们临场发挥，服务于特殊需要的教学过程。"非设计"方法是教学方法创新丰富性的表现之一，它也准确地反映出不同教师运用教学方法的能力和水平，高水平的教师可以在教案设计方法之外游刃有余、得心应手地选择恰当的方法开展教学，而初任教职的教师可能在教案中设计了若干教学方法，或者用一些超出教学安排的计划来满足学生的一些兴趣。

4. 关联性原则

高等学校教学方法的实现途径正随着技术进步发生着快速而深刻的变化，多途径实现教学目的成为现代高等学校教学方法创新的革命性特征。与传统的讲授法、灌输法相比，现代技术带来的教学方法（手段）创新突出了技术性优势，从"粉笔＋黑板"进化到投影、多媒体及网络课堂，有效地提高了教学效率，为交互式教学提供了时空与技术保障，师生教学灵感也及时得到了捕捉和储存，但这只是教学方法创新关联性的一个方面——方法与手段的关联。级联递增式的关联性在一定程度上否定了教学方法的技术元素，完全依赖现代教学技术推进教学方法创新也不妥当，因为人类的教学活动从产生到现在，从来就不是技术的"奴隶"。因此，关联性创新原则要求教学方法不能在技术面前无所作为，也不能搞"唯技术论"，应回归教学活动中"教"与"学"的本位开展创新。人是社会生活中最活跃的因素，离开先进技术设备条件依然可以开展教学方法创新活动，如很多大师成长经验或教学经验中的"点化法"，就屡试不爽，成就了不少人才。

（二）创新评价主体

在对教学方法及其创新性的评价中，主体必须是多元的，任何单方面的结论都不足信，尤其是从教学管理角度开展的教学方法及其创新性评价更是有违教学方法的本质要求。教学方法创新属于学术文化范畴，因此，对于教学方法的评价不属于高等学校的行政管理而属于学术管理。学术性评价的主体应该是多重多元的，只有这样才能逼近教学方法及教学方法创新性的本质，否则就是对教学方法的机械性误导，会极大地扼杀教学方法运用的灵活性和教学方法创新的积极性。

教学方法创新评价主体，也就是教学活动的直接参与者——教师和学生这个二元主体。学生这一方面的情况是动态变化的，即某位教师的某一门课程的教学对于某一年级的学生一般只有一次，待教师重复进行教学时，学生已经全然改变。因此，教师的教学方法改革为什么尤为滞后，关键就在于学生对某门课程的学习及对教师教学方法的感受是唯一且不可重复的，即使有一些中肯的建议，但检验这些建议是否被采用的是下一届学生。所以，对教师教学方法创新评价主体中的学生界定必须包括几个年级的学生。对于通用性强的公共课程、专业平台课程等，要把多课头学生全部纳入评价主体的范围，但这对大量专业性课程并不适用。

教学方法创新评价主体的另一方面是教学团队成员。无论这个团队是否形成建制，规模大小、关联强弱如何，通过这个团队，都可以从方法适应内容角度准确界定教师教学方法的使用及创新状况。

至于很多高等学校已经组建并运行的"教学视导"机构的人员，是教学方法创新的评价主体之一，但由于学科专业的巨大差异，他们只能从通用性方法，即从符合教学一般规律性的方法入手加以评价，不能代替教学团队的评价。

教学管理部门参与教学方法创新评价是间接的，只能从程序设计、持续推进、结果反馈和分析等方面着手。

第六节　大学教学方法文化创新

从基本职能和主要活动特征分析，高等学校属于社会的文化和旅游部类；而在内涵宽泛的文化概念中，学术文化是高等学校一切活动的内在属性和外在表现，它既包括科学研究，也包括教学活动，还包括社会服务中的成果转化与技术革新。创新是学术文化的生命元素，建设高等学校教学学术文化，必须高扬创新旗帜，为教师开展教学方法创新提供良好的环境和精神指导。

一、高等学校学术文化与教学紧密相关

现在，人们一提到"学术"似乎就指向了专门的科学研究活动，但在高等学校，这种认识是不准确的，或者说这种观念是在长期的"以偏概全"误导下对高等学校活动本质特征的误解。这主要是由于这种狭义的学术活动是很晚才出现的，而且它似乎还排斥科技应用，使学术陷入了一个非常狭窄的范畴。

追溯高等学校主要活动的起源，教学活动无疑是最为悠久、最为本质的大学活动类别，它与大学的出现同步或者更早。

高等学校发展到今天，已然形成人才培养、科学研究和社会服务三大基本社会功能。美国高等教育的功能创新也许给高等学校自身发展带来了预想之外的麻烦：教学或人才培养活动逐渐丧失其学术探究性特征，教学甚至被淡出学术视域，这显然不利于大学人才培养工作的开展。因此，20世纪80年代后期，曾任美国教育部长的卡耐基基金会主席厄内斯特·博耶首先提出了"教学学术"的概念，从学术的内涵出发，反诘了学术不只是专业性的科研，而是既有探究性也有整合性的学术，还是应用知识、传播知识的学术，在这个完整的学术架构中，传播知识的学术被称为"教学的学术"。自此，教学的学术性引起了关注，学术文化被引入教学改革创新活动中。

学术文化被引入教学活动不是"外来"的，而是高等学校教学活动本质的复归。高等学校教学活动从来就与学术探究活动密不可分，即使现在大学功能得到分化，也不能剥离教学活动的学术特性。具体来说，教学与学术探究有以下三重血脉联系。

其一，高等学校教学活动总体上与基础教育教学活动重在"传播知识"不同。它从教学目标出发，注重培养学生的探究和创新能力，亦即不仅让大学生知其然，还要使大学生知其所以然。基础教育教学是沿袭基础教育方式，在一般教育学、教学论指导下的"知识本位"教学观，

高等学校教育活动则是从高等教育自身特点和规律出发的"能力本位"教学观。

其二，高等学校教学活动要培养大学生的创新思维、批判精神等内在素质，这种思想素质不是通过"传播—接受"模式可以实现的，纯粹的"传播式"教学达不到这个目的，必须在有关学术探究活动体验中让学生逐步养成。教学活动与学术探究活动的有机结合，有利于培养学生的学术精神。

其三，高等学校教学活动自身的教学内容和方法途径必须具有探究性。教学所需的知识信息要及时更新并按照教学传播实际需要对知识进行再加工，以适应教学对象，而不是某个已有知识的"原生态"。高等学校教学活动中对教学内容的选择还有一个"未定型"知识的纳入问题，长期以来，其对教学内容的选择基本是"定型"知识，所以方法手段要随技术发展不断改进。

二、创新是高等学校学术文化的核心

建立高等学校教学学术文化的根本在于以此引入学术的创新特征，促进教学及教学方法的改革创新。一段时间以来，教学活动游离于学术之外，学术的创新特质也远离了教学活动，导致教学及教学方法创新举步维艰。

整个高等学校文化的重要标志就是以创新为轴心的学术文化，按厄内斯特·博耶的界定，就是探究的学术文化、整合的学术文化、运用知识的学术文化和传播知识的学术文化。即使是按照大学功能划分，创新也蕴含在每项功能的发挥过程之中。高等学校的社会服务功能，其实是从转化高等学校科研成果，以及求解社会的生产、技术、管理等领域的问题起步的，这实际与科研工作一脉相承，甚至就是科研工作的延续或场所转移。因此，运用知识也是需要创新的。

在人才培养方面，尤其是在作为人才培养核心环节的教学活动中，创新元素一直存在且非常普遍。比如教学内容，最早的教师几乎就是教学内容的化身，没有教材等知识载体，教师日益更新积累的思想学说就是教学内容，被应用于教学活动中。这是教学内容的创新，思想有多远，学说就有多深。但随着信息载体的日益丰富发达，教师的思想学说反而相对减少，有的只是更新而非创新。因此，从当下意义上说，创新是高等学校学术文化的核心，而从起源上说，创新更是高等学校人才培养活动的核心。也就是说，教学具有以创新为特质的高等学校学术文化属性。

三、重振高等学校教学学术文化

高等学校教学活动是占绝对主体地位的高等学校活动，教学的文化生态样式决定了教学的价值走向。从创新元素的有无来评判，当今的高等学校教学文化生态缺失了"学术性"，也就缺失了"创新"这个灵魂，从而演化成一种几近功利甚或颓废的"应景文化"，即学生参与教学活动是应付教师的某些机械化要求，教师参与教学活动是为了完成学校规定的工作量以便获得报酬，消极应付是其共同特点。几乎同时，高等学校里的另外几种文化活动，如学生的文体活动、社团活动、社会活动等和教师的科研活动、研发活动、社会兼职与服务活动等，其积极的、忘我的甚至疯狂的价值体现与教学文化完全不同。

以创新为魂，重振高等学校教学学术文化是推进高等学校教学方法改革的"招魂"之举。教学方法创新不是凭空捏造新式工具，而是要构建一个适当的环境氛围。富有创新内核的高等学校教学学术文化既是曾经的教学生态样式，也是现在需要大力恢复和重建的教学生态。追溯教学文化传统样式的失衡，很可能是高等学校科研、社会服务两大后发功能的冲击导致的，现在重振高等学校教学学术文化是否要削弱这两大功能或淡化这两大功能中的创新元素呢？显然不能，而应该强化三者之间共同核心的渗透与通融，尤其是现代研究型大学的强大科研功能和大批应用型大学的社会服务功能，可以为教学活动注入无限的创新活力。

在已然被分化且独占名分的学术文化面前，高等学校教学学术文化应该如何重建？如何赋予其创新特性？综合高等学校教学活动的几个关键方面，首先要重建教学创新思维（回归高等学校教学价值本源）；其次要创新教学内容（空间并不大，尽管现在的教师热衷于科研，但他们的成果能够被纳入教学内容的可谓凤毛麟角）；再次要创新教学手段（由外界技术主导，高等学校及师生能力有限）；最后要创新教学方法（这是大有可为的）。由此可见，以创新为核心重振高等学校教学学术文化，最可能的实现途径就是从创新教学方法打开突破口。

四、重构高等学校教学管理文化

教学学术文化的建设是一个系统性工程，也是一个长期的过程。长期以来，在"教学非学术"环境下所形成的一系列教学管理制度与文化就是高等学校教学学术文化建设或教学创新的首要障碍。

通过对一系列管理制度的分析，无论是主要针对学生的教学管理还是主要针对教师的教学管理，基本上可以归纳为三种属性：机械管理、规范管理和科学管理。这三种层次不同的教学管理，是现代以来高等学校教学管理文化的基本进化路径，但在不同国家和地区，不同高等学校有时间先后差别。机械管理曾经作为"科学化"的代名词，取代了千百年间一直沿袭下来的"自由教学"，这对教学规模的扩大，尤其是组织班级教学是有重要贡献和意义的管理革命。规范管理并非新生物，而是机械管理的改进升级版，无论就教学对象还是就教学方法而言，机械管理和规范管理都是扼杀创新、忽略个体差异性的。在教学方法创新上，二者形成一对阻抗：越是强调规范，创新越难以实现；越是创新的教学方法，越是打破规范的约束。科学管理注意到了各种特殊性的存在，在方法上具有一定的伸缩性，与教学方法创新可以相容。所谓科学，就是要尊重规律，尊重教学方法的规律进行教学管理是可以发挥教学方法创新作用的。

　　重构高等学校教学管理文化，就应该走科学管理的道路，更加注重教学学术文化特性，使教学管理更趋于学术管理（尽管现在的高等学校学术管理严重存在"不科学"现象），不能过于规范，从而违背高等学校教学的学术精神、仅从教学方法及其创新角度来看，自由是创新的根本源泉，无论是现代意义上的科学研究还是教学改革，管理过于机械、规范的，自由度就越小，产生创新成果的概率就越小。因此，要呼吁教学自由。教学自由又必须从教学管理的变革开始，使教学管理富有自由创新色彩，在适度控制前提下可以分开教学自由，尤其是教学方法自由是完全可以分开的。有人回忆西南联大的成功之处就在于坚持了"学术自由、教学自由"。如果没有以教学管理文化改革为先导的教学自由局面的出现，教学创新和人才培养质量的根本提高就是一句空话。

第六章　移动自主课堂教学创新模式的构建

第一节　云课堂中师生进入自主学习角色

现代社会要求年轻一代具有较强的社会适应能力，并能从多种渠道获得稳定与不稳定、静止与变化的各种知识。传统的教学模式是教师在课堂上讲课、布置家庭作业，让学生回家练习；而翻转课堂教学模式是学生在教师的指导下，通过积极参与教学实践活动来完成知识的学习，课堂变成了师生之间和学生之间互动的场所。由此可见，面对常规的一节课，面对基础不一的学生，面对每一个新的知识点和每一个学生不同的需求，打造翻转教学模式下以学生为中心的高效课堂教学就显得十分重要。

一、云计算支持下的教学模式诉求

随着现代信息技术的迅猛发展，网络技术在教育中的应用日益广泛和深入，特别是 Internet 与校园网的接轨，为学校教育提供了丰富的资源，使网络教学真正成为现实，为有效实施素质教育搭建了平台，并有力地推进了新课程改革。现代信息技术的发展在对创新人才的培养提出挑战的同时也提供了机遇。教育部《基础教育课程改革纲要（试行）》明确提出："大力推进信息技术在教育过程中的普遍应用，促进信息技术与学科课程的整合"。运用现代信息技术的教学具有多信息、高密度、快节奏、大容量的特点，其所提供的数字化学习环境，是一种非常有前途的个性化教育组织形式，可以超越时间和空间的限制，使教学变得灵活、多变和有效。处在教育第一线的教师，必须加强对现代化教育技术前沿问题的研究，努力探究如何运用现代信息技术，尤其是在课堂上将基于现代信息技术条件下的多媒体、计算机网络与学科课程整合，创新教学模式和教学方法，更好地激发学生的学习兴趣，调动其积极性，使课堂教学活动多样化、趣味化、生动活泼、轻松愉快，提高教学效率。

无线网络提供了移动学习的基础设施，移动学习可解决传统教学时空受限的问题，可实现教与学随时随地进行，可开展"Anyone""Anytime""Anywhere""Anystyle"的 4A 学习模式。大数据为客观评价学习效果及教学质量、科学实施因材施教等指出了方向，慕课与翻转课堂已成为信息化环境下教与学模式研究的热点。但如何构建基于无线网络和大数据，吸收慕课和翻转课堂的优点，又结合我国基础教育班级授课制实际的课堂教学支撑平台呢？为此，根据需要设计并构建了云课堂教学模式。

云课堂包含的角色有学生、教师和管理员，他们都可通过 Web 或者 iPad（或其他平板电脑）与服务器交互，实现所需的功能，如出题、出卷、布置作业、考试、做题、批改作业等。Web 浏览器与服务器交互主要是给管理员和教师提供图形用户接口，以方便其使用电脑进行系统的管理工作，如系统参数设置、用户管理、题库管理、试卷管理、考试管理、教学质量分析等相关功能。平板电脑与服务器交互可为所有角色服务：管理员可以了解指定教师和班级的情况；教师可以实现实时出题、出卷、布置作业、批改作业、改卷、查询学生学习情况等；学生可以实现实时学习、考试、练习等功能。

以云课堂为核心，还设计了"四课型"渐进式自主学习方式，其基本模式是"先学—精讲—后测—再学"。首先，教师提前通过学生学习的支持服务系统向每个学生发送资源包，包括导学案、课件、测试题及有关学习资源（包括微视频等）；其次，学生参考资源包，依据课本进行预习自学，并记录问题或疑问；学生通过平板电脑或其他媒介展示反馈学习成果，或通过学生学习支持服务系统进行前测，通过测试展示学习成果或问题；再次，对反馈回来的重难点内容可由学生或教师进行点拨，在充分质疑、交流的基础上进行归纳总结（教师与学生互动）；最后，通过学习平台开展练习评价课，系统自动统计测试成绩并对其进行分析，之后由学生、教师或系统进行讲评。这种课堂教学支撑平台支持下的课堂教学可满足以下诉求。

第一，满足课堂教学的要求。慕课和翻转课堂无法支持课堂教学的各方面要求，而云课堂可支持课堂教学的各个环节，包括备课、上课、提问、课堂练习、单元测验、考试、学生评价等，并具有可操作性和便捷性。第二，可随时随地组织课堂教学。慕课授课形式具有局限性，翻转课堂不能实时地进行课堂教学，云课堂则在无线网络的支持下，可以不限时间和地点地组织课堂教学。第三，支持各种形式的教学模式，其中包括慕课模式和翻转课堂模式。第四，支持因材施教。基于大数据，云课堂可以自动或人工地获取教学行为、学习行为等数据，建立评价体系和数据挖掘模型，客观评价学习效果、教学效果、学生的分析等，从而根据这些数据和评价信息因材施教。第五，支持教学资源开放和共享。原则上，云课堂支持各种形式的教学模式和学习方式。

二、云课堂中师生的自主学习角色

（一）学生角色

学生进入云课堂后会看到自己未完成的任务，其中包括教师发布的考试、作业和学习资源；能够查看自己制定的学习任务，如查看学习资源、错题练习等；系统会根据学习曲线算法在适当的时间给学生布置相应的学习任务，如学生长时间没有复习和练习某个知识点时，系统会将相应的学习资源和练习推送给学生进行复习和练习。

学生可以查看自己最近一段时间的学习记录，及时了解自己的学习情况。学习记录中包括最近学习了哪些资源及学习每一种资源所用的时间、测试情况的反馈，包括每一个知识点测试题目的数量、正确率等信息。平时考试、做作业会产生错题，利用好这些错题可以有效提高学习效率。学生可以利用云课堂的"错题本"功能，根据时间顺序（倒序）、试题错误次数（倒序）、知识点归类和随机这四种方式查询最近的错题，每一道错题都可以进行即时练习，每一次练习都自动存入系统，并根据结果的对错调整该错题的权重。同时，系统可以自动推送与某道错题相关的知识点和学习资源，以方便学生进行针对性的学习（因材施教）。另外，云课堂的考试、作业功能可以根据学生的学习记录自动剔除学生已经牢牢掌握的试题，从而缩短学生的学习时间，提高其学习效率。学生可以自主地在题库中以随机（由系统根据算法进行预筛选）、指定筛选条件等多种方式抽取试题来进行学习，系统会根据学生的特点推送与掌握不好的知识点相关的试题供学生进行练习（缩短学习时间）。同时，系统可根据高分学生的学习记录，推送这部分学生的学习资源和练习题供当前登录的学生进行练习，并根据练习题的测试情况调整推送参数，以探索最适合该学生的学习模式。针对每个学生的不同学习特点，系统能够对学习资源进行有效分类从而针对知识点和学习资源建立网络结构，并根据教师指定的难度和实际测试过程中形成的难度数据建立分层结构（海量资源分类）。

（二）教师角色

教师可利用平板电脑或其他方式出题，同时指定试题的属性，如关联的知识点、体现的能力、难度系数等。对于试题的难度系数，系统可以根据学生答题的情况计算出来，自动将错误率较高的题目推送给教师并给出相应建议，从而优化题库。为了提高教学效率及资源利用率，系统可以统计每个资源的使用情况，包括学习次数、时间等，并针对使用过于频繁或者过少的资源推送通知。同时，系统还可以监控学生学习指定资源的情况，包括近期学了哪些资源、投入时间如何、成绩如何等，从而更准确地了解学生的学习情况，提高课堂教学效率。

　　教师可以通过考试系统发布随堂练习，及时查看学生对学习的掌握程度，以便当堂解决学生在本节课学习中存在的问题。考试系统可以根据历史数据，对试题库中的试题进行预筛选，剔除正确率非常高、近期出现频率过高的试题，同时将错误率过高、近期很少出现的试题前置显示，为教师提供更多的建议，从而提高出题质量，实现因材施教。在体现个性化教学方面，系统中的学生学习情况查询功能可以使教师了解学生的整体情况，包括错误率较高的知识点和题目；同时，将查询到的数据与相应学生学习资源的时间投入情况进行对应，可以协助教师分析学生失分的原因；还可以针对指定学生，了解其最近的学习档案和考试、练习情况，包括其薄弱知识点、资源学习的盲区等，以便针对个体给出个性化的学习建议。

三、营造师生及生生互动的学习空间

（一）师生、生生互动

　　云课堂采用"先学—精讲—后测—再学"并有教师参与的教学模式。在云课堂中，教师根据学科类型、知识点特点、学生特点、教学目标、教学内容等，可采用灵活多样的教学方式，并且系统可自动记录学生行为和教师行为的数据。

　　教师根据系统提供的数据可以了解每一个学生的学习情况，学生也可以通过"点赞"或"不赞成""笑脸"或"哭脸"等方式对某知识点的学习心情、学习效果、教师讲解等情况做出直观的回应。学生之间可以针对某知识点的学习进行竞争学习，教师和学生之间可针对某知识点发起话题讨论，在课堂教学中实现师生、生生互动。更重要的是，这样可采集到用于学生分析和管理的真实数据。

（二）个性化学习

　　在课堂教学中，虽然学生是在教师的安排下进行有序学习，但课上时间主要集中在教师对疑难问题的解答或教学内容的精讲上；而那些在课上没学会或缺课的学生，则可以在课外登录云课堂，自主学习与课堂教学内容相同的知识。在课外，系统会根据每位学生的学习路径和近期的学习情况，针对教学过程中的重难点和每位学生学习过程中的错误点进行个性化推荐。根据系统记录的学生错误试题的数据，教师也可以进行个性化指导。

（三）学习轨迹与成长记录

云课堂可以详细记录学员的学习过程、学习习惯等相关数据，再加上教师的指导，更能充分发挥这些数据的作用。

第二节　云计算网络移动自主课堂的改革突破

云课堂是基于无线网构建的课堂教学支撑平台，它充分吸收了无线互联网的优势，教师可根据教学目标、教学内容、教学方法等，利用教学资源支持备课、上课等教学环节，并建立知识点之间的内在联系。

一、构建自主学习的移动课堂

自主学习（意义学习）是相对于被动学习（机械学习、他主学习）而言的，它是指一定教学条件下学生的高质量学习。概括地说，自主学习就是自我导向、自我激励和自我监控的学习。学生可以明确提出课前自学，并提出疑问。教师可在课堂上引导学生进行分组讨论，解决问题，对于一些共性问题进行点拨。

我们要强调自主学习、合作学习和探究学习，把所有学生的学习都提高到自主学习的高度。自主学习就是学生自我导向（明确学习的目标）、自我激励（有感情地投入）和自我监控（发展学生的学习策略和思考策略）的过程。作为教学的一个目标，应通过解决具体真实的问题来更好地明确解决问题所依据的原理，让学生能够把这一原理应用到更广泛的情境中去。

自主学习具有以下特征：学习者参与确定对自己有意义的学习目标，自己安排学习进度，参与设计评价指标；学习者积极发展各种思考策略和学习策略，在解决问题的过程中学习；学习者在学习过程中有情感地投入，学习过程有内在动力的支持，能从学习中获得积极的情感体验；学习者在学习过程中对认知活动能够进行自我监控，并做出相应的调整。

自主就是尊重学生学习过程中的自主性和独立性，在学习的内容上、时间上、进度上更多地给予学生自主支配的机会，给学生以自主判断、自主选择和自主承担的机会。过去的课堂是教师主导学生学什么、什么时间学，学生始终处于被动状态，这种过度控制压抑了学生学习的兴趣和在学习过程中的美好体验。自主学习可以有效地促进学生发展，大量的观察和研究充分证明，只有在此种情况下，学生的学习才会是真正有效的学习。学生会感觉到别人在关心他们，对他们正在学习的内容很好奇，同时也会积极地参与到学习过程中，在任务完成并得到适当的反馈后，他们看到了成功的机会，也对正在学习的东西更加感兴趣并觉得富有挑战性，感觉到他们正在做有意义的事情。例如，弗莱明发现青霉素的过程，反映了自主学习及时发现问题、提出问题和解决问题的过程。1928 年年底的一天，弗莱明和他的同事在实验室闲聊，突然发现一只原本培养金黄色葡萄球菌的培养皿出现了一圈清晰的环状带，于是提出了"为什么霉菌周围的金黄色葡萄球菌消失了呢""是不是在霉菌中存在一种物质可以杀死葡萄球菌"的问题，他带着问题继续研究，终于制成具有杀菌力的青霉素。这说明科学的发现，需要多问几个为什么，要促进学生的自主发展，就必须最大限度地创设让学生参与到自主学习中来的情境与氛围。

二、构建合作学习的移动课堂

合作是对教学条件下学习的组织形式而言的，相对的是"个体学习"与

"竞争学习"。在合作学习中，学生不再是孤立的学习者，而是愿意与同伴一起合作学习、与人分享学习与生活中的失败与成功的体验者。合作是一种开放的交流，培养学生合作的品质，可使学生乐于与他人打交道，这是培养人的亲和力的基础。合作学习是学生在小组或团队中为了完成共同的任务，有明确的责任分工的互助性学习，具备以下要素：积极承担在完成共同任务中个人的责任；积极地相互支持、配合，特别是在面对面的促进性的互动中；期望所有学生能进行有效的沟通，建立并维护小组成员之间的相互信任，有效地解决组内冲突；对于个人完成的任务进行小组加工；对共同活动的成效进行评估，寻求提高其有效性的途径。

合作动机和个人责任是合作学习产生良好教学效果的关键。合作学习将个人之间的竞争转化为小组之间的竞争。如果学生长期处于个体、竞争的学习状态之中，久而久之，学生就很可能变得冷漠、自私、狭隘和孤僻，而合作学习既有助于培养学生合作的精神、团队的意识和集体的观念，又有助于培养学生的竞争意识与竞争能力；合作学习还有助于因材施教，可以弥补一个教师难以面向有差异的众多学生教学的不足，从而真正实现使每个学生都得到发展的目标。在合作学习的过程中，由于有学习者的积极参与、高密度的交互作用和积极的自我概念，因而教学过程远远不只是一个认知的过程，同时还是一个交往与审美的过程。

研究表明，如果学校强调的是合作而非竞争，既不按智力水平分班，又不采取体罚的措施，那么在这样的学校里就不太会发生以大欺小、打架斗殴、违法犯罪等事件。事实证明，要提高一个孩子的学习成绩，更有效的办法是促进他的情感和社会意识方面的发育，而不是单纯地集中力量猛抓他的学习。合作学习可以帮助学生通过共同工作来实践其社会技能，合作式的小组学习活动可以培养学生的领导意识、社会技能和民主价值观。

三、构建探究学习的移动课堂

"把课堂还给学生"即教师要积极地在课堂上开展探究式教学，让学生不仅知其然，还要知其所以然。探究教学是指在教学过程中以学生参与活动为主要形式，以鼓励学生主动参与、主动探究、主动思考和主动实践为基本特征，以教师合理、有效的引导为前提，以实现学生各方面能力的综合发展为目的，促进学生整体素质的全面发展。

与探究学习相对的是接受学习。接受学习是指将学习内容直接呈现给学习者，而在探究学习中学习内容是以问题的形式来呈现的。和接受学习相比，探究学习具有更强的问题性、实践性、参与性和开放性。通过探究过程以获得理智和情感的体验、建构知识、掌握解决问题的方法，这是探究学习要达到的三个目标。"记录在纸上的思想就如同某人留在沙上的脚印，我们也许能看到他走过的路径，但若想知道他在路上看见了什么东西，就必须用我们自己的眼睛。"德国哲学家叔本华的这番话很好地道出了探究学习的重要价值。探究学习也有助于发展学生优秀的智慧品质，如热爱和珍惜学习的机会，尊重事实，客观、审慎地对待批判性思维，理解、谦虚地接受自己的不足，关注美好的事物。

探究创新就意味着不故步自封、不因循守旧、不墨守成规，总是试着改变，所以创新、探究和发展是健康人格的重要组成部分。缺乏创新意识和能力的人的人格是不完善的，一个自我实现的人总是带有开拓进取、勇于冒险的精神，不会固守不变的东西得过且过。探究学习即从学科领域或现实社会生活中选择和确定研究主题，在教学中创设一种类似于学术（或科学）研究的情境，学生通过独立地发现问题、实验、操作、调查、信息搜集等探索活动，获得知识和技能，发展情感与态度。

中学探究性教学过程为：启发引导—自主研究—讨论深化—归纳总结—应用创新。这种探究学习教学的基本思路是先明确学习目标，带着问题去学习探索新知识，可通过预习列出知识框架并找出疑难点，然后查找资料，尽可能地先解决此时所发现的疑难点。在课堂上，教师要走下讲台，到学生中间去，当好"导演"，要调动好课堂气氛，让学生在课堂上有问题提、有问题探究，有问题通过小组合作来解决；要允许学生发表不同的观点，教师只在一些科学性的问题上给予明确答案，适时进行点拨指导。如果学生提不出问题，教师就要事先准备好有探究性的问题，不同类型的内容有不同的探究方法，如有对新的知识点的探究、有对概念间的区别的探究、有对科学家研究问题思路的探究、有探究性实验的设计、有探究性问题的资料研究、有对照实验设计的探究、有对实习实践等问题的探究等。总之，新课程教学要真正体现把学习知识的主动权交给学生，那种靠教师唱独角戏，采取满堂灌或满堂问的做法都不能适应新课程改革的需要。

四、教师落实移动课堂的教学模式

教师走下讲台，创造活跃的课堂氛围，可以使学生迅速进入情绪高昂、智力振奋的内心状态，从而有效地促进学生思维方式及思维过程中能力的迁移，达到培养学生联想类比能力的目的。这就是"激趣—探究"教学，其基本模式为：激发兴趣—提出问题—做出假设；设计方案—分组实验—合作探究；分析数据—发现规律；综合考虑—得出结论。这使课堂真正成为一种民主、和谐、共进的平台，最大限度地提高了学习的自由度。这种教学模式改变了师生在课堂中的角色定位，使学生成为课堂的主角，使教师担当了"导演"，通过教师的"导"，让课堂成为一个真正的"学习共同体"；使教师与学生能够分享彼此的思考、经验和知识，交流彼此的情感、体验和观念，共同创建一个合作型课堂；使师生在合作的过程中都能有所收获，真正实现师生的共同发展；使教学从"主体失落"走向自身觉醒，教学觉醒意味着教学主体的回归，教学觉醒意味着教学过程是一种对话；使学生从边缘进入中心，这种教学模式需要重视学生的多元化，需要教学回归到学生的现实生活。

第三节　构建网络移动自主课堂教学的重要性

网络移动自主课堂是对传统课堂的变革，是在优秀教师的指导下，先学后教的课堂教学模式。它以发挥学生参与性与主动性为目标，充分尊重学生各方面的差异，注重学生个性发展；它在知识高效传送的基础上，推动课堂教学从"知识导向"向"综合素质导向"转变。

一、网络移动自主课堂的价值定位

网络移动自主课堂是利用当前多媒体技术的条件和大数据分析的优势，为改变学生学习方式和教师教学方式所做的一种教学改革尝试。它是指把由教师重复讲授的内容，如概念讲解、事实展示等放在课堂教学之前，通过视频或其他形式来供学生学习，从而让学生学习更加主动，让学生逐步学会对自己的学习负责。在当前信息化的社会背景下，网络移动自主课堂可以充分利用多媒体技术，实现教与学的及时互动与信息反馈，把握学生的个体差异，强化教育教学的针对性，使学生的个性发展尽可能地得到满足，尝试为班级授课制背景下学生的个性化学习提供可能和载体。网络移动自主课堂可以使学生在课后高效学习的基础上，能够更加充分利用课堂上的宝贵时间，用于学生完成作业、合作学习、动手操作、探究创造等，实现从"知识导向"向"知识与能力融合"、"认知导向"向"认知与情感统一"的转变。

（一）网络移动自主课堂的指向：让学生对自己的学习负责

从事网络移动自主课堂的研究者和实践者一再强调，让每个学生自己而不是教师和家长对学生的学习承担责任。个体终究要独立面对社会，处理各种复杂的社会问题。培养个体的自主自立意识和能力，既是一个社会问题，更是一个教育问题。在基础教育阶段，如何培养学生的自主学习能力，让学生自己而不是教师和家长对其学习负责，是学生学习成功的关键所在。当然，学生自主学习意识的培养、自主学习能力的养成都很难自然形成，需要教师和家长共同培养和教育。

在我国，学生的自主学习能力同样受到教育者的关注。有学者曾提出学生学习的"三个当家"理论，即自己当家、他人当家、无人当家。在其他条件相似的情况下，如果孩子能对自己的学习负责，能自己当家，其学习及今后的发展一般都比较好，在今后的社会生活中抗挫折的能力也较强；如果是教师、家长等他人为孩子的学习"当家"，其学习有的也不差，但是在未来的生活中，他们依赖性较强，独立性较弱：如果没有人为孩子的学习"当家"，在大多数情况下，这些孩子学习不会好，在未来生活中也会产生各种问题。这一事实表明了孩子自主学习意识和能力的重要性。

然而，在一家只有一个孩子的情况下，家长对孩子生活的过度关照、教育的激烈竞争导致的学校对孩子学习的过度安排，使不少孩子很少有机会发展其自主的意识和能力，这对其在校学习、在社会中生存等都不利。如何培养孩子的自主学习意识和能力，已成为全球教育者共同关心的重要课题。

网络移动自主课堂作为一种"先学后教"的模式，在促进学生自主当家方面有着天然的优势，这一优势表现为：自定进度与步骤的自主学习方式有效地减轻了学生的心理负担，增强了学生主动参与讨论的积极性。

在班级授课制的情况下，教师在课堂上无法面对个别学生进行讲授，这样就会出现在部分学生并没充分掌握相关学习内容的情况下，教师已完成了他的授课任务。一句"大家都懂了吗"，似乎在提示不懂的学生可以提问（只要有学生提出问题，教师也是愿意为其做出进一步指导的），然而现实往往是在课堂上很少有学生会经常提出问题，因为他们害怕被别的同学认为自己比别人笨。

在微视频学习的基础上，学生初步掌握了基本的知识，他们在课堂上感到自己有话可说，有话能说，在课堂讨论中的参与性得到了极大的提高。

心理学的研究表明，人的任何行为都是由其动机所推动的。这种动机有时是内部的，如对阅读本身的喜欢、对探究知识的兴趣、对实验过程的好奇等；但是对学生尤其是低年级的学生而言，学习的动机更多是外部的，例如，学得好就有更多机会在同学面前展示，就有机会教自己的同伴，学得好就能够得到教师的表扬、家长的鼓励、同学的赞扬等。网络移动自主课堂给了学生展示自己的舞台，这无疑对学习自主性的增强有极大的意义。这是他们迈向自己对学习负责、自己对未来生活负责的第一步，其意义绝不能低估。

很多人担心，中小学生中不乏自律性还不是很高的，课后学生不学微视频怎么办？回到家中，手中拿着平板电脑，学生只玩游戏，不学课程怎么办？其实，这些问题就像现在问"学生回家不做作业怎么办"一样。微视频的学习要比做作业更"好玩"，更适合学生"玩"的天性，因此，它要比作业更能吸引孩子，在这一判断的基础上，可以合理假定，课后不学微视频孩子的比例不会超过不做作业的孩子。

当然，可以肯定地说，在任何时候都会有一些孩子抵挡不住外界的诱惑，出于贪玩的本性，课后不学微视频，或借学习的名义在网上玩游戏。现代数字技术已经发展到可以实时了解学生在线学习情况的程度，为家长与教师实时干预学生的学习，或者帮助学生树立良好的学习习惯提供了技术的支撑。

事实表明，孩子贪玩并不可怕，因为贪玩是孩子的天性。对教育而言，最可怕的是让学习成为可怕的事，而网络移动自主课堂旨在转变这种状态，让学生喜欢学习，让学生发自内心地感到学习是自己的事，而不是为了应付家长与学校布置的作业，最终让学生能对自己的学习负责。

（二）网络移动自主课堂的目标：让每个学生成为最好的自己

客观地说，现行的课堂是在历史发展过程中形成的，与特定的历史阶段相匹配，它有着极大的合理性。然而，随着社会的发展，人们对教育的要求越来越高，它的一些弱点也逐步显现了出来。

1. 整齐划一的教学步骤

在班级授课的模式下，面对着数十个学生，教师很难照顾到学生的个体差异，教师只能以大体相同的教学进度来面对各不相同的孩子。然而每个孩子都是独特的主体，智能发展、人格倾向和个人喜好都有所不同，教师的教学活动一般很难照顾到个体之间的差别。一种教学方式适应一部分学生，另一部分学生可能感到无所适从。课堂中以教师的教为主，学生学习被动，学生学习什么、如何学习、什么时候学习、学到什么程度等，都是被规定好的，学生只有被动地按照教师设计的轨道前进。

然而，每个学生都是独特的个体，有着不同的学习速度和学习风格。一个班级内，对于同一内容，有的学生很快学会了，有的学生可能需要花费更多的时间才能学会；有的学生喜欢听讲的方式，有的学生可能喜欢看演示的方式，还有的学生可能需要亲自动手操作才能学会；一个学生学习数学很轻松，但是写作文就很吃力，另一个学生正好与此相反；有的学生喜欢分析各种物理现象，还有的学生擅长手工实践。

在传统的班级授课制的教学方式下，教师按照相同的课程标准、同一本教材、同样的学习时间和同样的教学方式，来面对这些学习有个性差异的学生。显然，有的学生很快学会了，觉得教师再讲解就会很啰唆；有的学生刚好学会；还有的学生跟不上教师的节奏，没有完全弄明白教师说的内容。下课时间到了，教师离开教室，课程进展到同一程度，留下了同样的作业，学会的学生作业很快完成了，学得不好的学生会一直困惑。第二天，延续同样的模式，困惑的学生会越来越困惑。教学的实践表明，只有学生每一步的发展得到保障，学生最终的成才才能得到保障。对绝大多数后进生来说，他们在学业上的落后并非天生的，而是在学习过程中慢慢积累的。今天的学习比别人差一步，明天的学习再差一步，长此以往，"欠债"越来越多，无从补起。

其实，按照布卢姆的观点，后进生和其他学生的差别，就在于他们学习同一内容所需的时间更长，如果时间允许，再加上有适合他们的学习材料，95%的学生都可以达到掌握的程度。

2. 相对滞后的教学反馈

教师夹着厚厚一摞作业本走进教室，课后又带着一摞学生新交的作业本走出教室，这是目前我们在学校最常见的情景。作业是学生巩固所学知识的重要手段，也是教师了解学生日常学习情况的主要途径。教师在课堂上布置作业，学生在课后完成作业，教师从学生完成的作业中了解他们学习的情况，这是当前教学的常态，师生们已经习惯了这样的教学反馈模式。然而，事实上，当教师在隔了一堂课后即使准确了解了学生学习的情况，也已经很难在课堂上及时并有针对性地采取补救的教学措施。

与此同时，教师批改作业也已成了很大的负担，以致出现了一些教师采取抽查作业甚至让学生互批作业的情况。客观来讲，这种做法已经使作业失去了教学反馈的功能，只有在学生学业上的问题积累到一定程度后，教师才能发现他们存在的问题。也就是说，教学反馈的相对滞后在相当程度上影响了教学质量的提高。

3. 多数沉默的互动现实

为改变课堂教学中学生被动接受的现状，近年来，不少学者和教师做出了诸多探索和不懈努力，如减少班级规模，尝试班级内的同伴互助、小组合作等策略都是这方面的探索。在实践过程中，这些措施都取得了一定的积极成效，但是在教学流程不变的情况下，其效果注定都是有限的。

在大班授课的情况下，人们看到，在班级互动环节中，比较活跃的总是那么几个"尖子"学生，他们思维敏捷，性格开朗，在师生互动中积极带头；而另一批学生往往成了"沉默的多数"，他们或者很少发言，或者只是在被教师点名以后才发言，或者跟在"尖子"学生后面发言，他们担心自己对教学内容理解不深、掌握不透，因而发言水平不高，有可能被教师和同学小看。长此以往，就造成了班级内的成绩分化。

4. 让每个学生成为最好的自己

如何让教学顺应学生的差异，从而为每个学生的充分发展提供指导和帮助，一直困扰着全球的教育工作者。网络移动自主课堂让每个学生成为最好的自己成为可能。

首先，"先学后教"的模式为在教学过程中给每个学生提供公平的机会创造了条件。学生的差异是客观存在的，然而，在"先学后教"的模式，学生在课下就已经掌握了基本的知识，尽管他们掌握这些知识所花费的时间和所采用的方式可能各不一样，但是，他们因此有了在课堂讨论中的发言权，不再甘心于充当"沉默的多数"这样的角色，会在班级各种活动中积极参与、找回自信。

其次，及时而非滞后的反馈使得教师极大地提高了教学的针对性，而无须等到问题成堆以后再去解决。对于少数学生的个别问题，现代数字技术能够方便地找出其存在的原因，从而使得这些个别问题也能得以解决。

多种途径的学习为不同思维类型的学生找到适合自己学习的方式提供了更多选择的机会。慕课学习和网络移动自主课堂的魅力在于，它让人们意识到学习可以有多种媒介和途径，而不仅是在课堂内。事实上，一段在线教学内容，人们可以找到多种表述方式的视频，张老师的没看懂，可以再换李老师的，学生总能找到一段适合自己的。"不让一个学生掉队，让每个学生成为最好的自己"就是网络移动自主课堂的目标。

（三）网络移动自主课堂的追求：让教育从知识本位走向综合素质本位

所谓综合素质，当然包含学生的认知、情感与身体各方面的素质。所谓教育从知识本位走向综合素质本位，就是说教育要从以往只注重知识的掌握，走向也要注重学生能力——主要是学生高级思维能力的发展，同时更要注重学生态度、情感、价值观的养成，注重学生身体与心理的健康。从知识本位走向综合素质本位，是社会发展对教育的要求。重视学生综合素质的培养，尤其是价值观的养成，是基础教育阶段自始至终的重要任务，并在当前越来越受到世界各国的重视。对社会发展的研究表明，人才培养目标至少应该包括以下五个方面。

1. 国际视野与本土情怀的融合

《国家中长期教育改革与发展规划纲要（2010—2020年）》（以下简称《纲要》）特别强调了教育的国际化，这是非常重要的。现代人需要有国际视野，要懂得国际社会，要理解各国文化，通晓国际规则，适应国际竞争，能在国际舞台上贡献自己的一份力量。

此外，在让学生有国际视野时，还要让他们爱家乡、爱土地、爱祖国。国际化并不是把更多的孩子送出国，或者使更多的孩子在学期间有更多的国际交流的机会。爱国是社会主义也是中华民族的社会主义核心价值观之一。国际视野与本土情怀的融合就是要让孩子热爱祖国、热爱家庭、热爱父母，这几项缺一不可。一个人如果对家庭都不热爱，对家乡都不热爱，就很难有什么东西再值得他热爱了。

2. 精英素质与平民意识的结合

一些优质学校提出，要培养各行各业的领袖人才，当然，这里所说的"领袖人才"不一定是政界的领袖，可能是物流界的领袖，引领物流业的发展；可能是商贸界的领袖，带动商贸界品质的提升。

中国的发展呼唤在每个行业的国际竞争中都能涌现出领袖级的人，社会需要这批精英，他们能为社会带来财富，创造财富。但是千万不要忘记，这些精英一定要有"平民"意识，要培养他们理解创造财富是为了解决民生，是为了服务大众，是为了每个百姓；要使他们能够关注社会中的弱势群体。那些高高在上、整天在炫富的"精英"不是我们教育的追求。因此，特别强调把"精英素质"和"平民意识"结合起来，否则这些所谓的"精英"可能是飞扬跋扈的，他们最终也会被社会所抛弃。

3. 科技能力与人文素养的统一

没有科技的进步就没有经济和社会的发展，就不可能有产业的提升和转型。因此，培养的人才还需要有人文素养，有人文关怀，能够始终从人性出发，从而以高质量的人文素养把握科技发展的方向。唯有如此，我们的社会才有可能持续地发展，我们的地球才有可能持续地成为人类栖息的家园。

现在社会发展在很大程度上是依赖于高科技的，因此，学校要让学生懂得科学，懂得技术，这样他们才能为社会创造财富。但是相比较而言，当今社会的人们对科学技术重视有余，而对人文精神敬慕不足。所以我们要珍惜生命、关爱他人，要有人文的情怀和素养。所谓人文情怀，就是要关注生命的意义和价值，学会相互理解，懂得包容和谐。

4. 身体发展与心理健康的和谐

身体健康是当前几乎全社会都给予了高度关注的问题。《纲要》提出，中小学生每天要锻炼一小时，《纲要》是一个很宏观的文件却把这么细小的一个点写进去，可见这个问题的严重性，值得教育工作者反思。

我们发现，那些最关心、最疼爱学生的父母和教师都在想方设法地把各种学习负担加给学生。因为他们相信，只有多学点知识，他们的孩子才会有更美好的未来，让孩子多学点知识，这是对孩子前途负责的唯一选择。

应当承认，家长在这一问题上的选择有非常理性的一面。从家长方面来说，他们看到了未来社会的竞争将日趋激烈，同时，他们对孩子的期望也在不断提高。家长对未来社会的竞争将日趋激烈的预期，应当说是基本正确的，对孩子的期望不断提高也是无可指责的，因为教育在客观上存在着选拔的功能。从某种意义来说，通过教育来选拔人才是最公正的选拔。通过教育来选拔人才从本质上来说，是根据人的能力来选拔，它比起根据家长的社会地位和经济地位来选拔要公正得多，它推动了社会的进步和文明的发展。成年人喜欢把今天学生在课堂上的学习看作是为了未来生活的准备，并提出"痛苦的童年是未来幸福人生的必要牺牲"的观点，而事实上，学生的学习生活是其人生的重要组成部分，而童年只占了很少的一部分，这部分的时间是人生重要的组成部分。如果学习是痛苦的会对学生未来的人生产生一辈子的影响，甚至有可能造成他们出现反常行为和反社会的倾向。过重的学习负担不仅会使学生失去童年的乐趣，影响他们身体的发展，造成他们心理的压抑和思维与创新精神的下降，严重的还会表现为社会行为的失常。

当然，总体而言学习总是艰苦的，因此，要鼓励学生为了社会的发展、为了他们自身人生价值的实现而努力学习，要鼓励他们有克服各种学习困难的毅力与勇气。但是，当学习成为一种折磨，而这种折磨超出了学生心理承受能力的时候，作为社会、家长和教育工作者，需要认真考虑：让学生付出的代价是否太大，是否值得，尤其是当学习的量超出了学生心理的承受能力，而致使学生表现出一些反常行为的时候，有没有思考过社会为此付出的代价是否太大，是否值得，是否有可能减少不必要的代价。

从这一事实出发，对家长和教师的建议是：千万别逼你的孩子或你的学生去学超出他能力的或他不愿去学的东西。每个孩子都是不一样的。人家孩子能做到的，你的孩子未必能做到；人家孩子能学好的，你的孩子未必能学好。当然，你的孩子能做到的，人家孩子也未必能做到；你的孩子能学好的，人家孩子也未必能学好。最好的学习，是和你的孩子或学生兴趣相配的学习。学习不能只考虑学生的兴趣，也不能不考虑学生的兴趣。看到人家孩子在哪一方面成功了，就希望自己的孩子在这方面也能成功，不从孩子的实际出发，往往是教育失败的开始。

5. 鲜明个性和团队意识的协调

没有个性就没有创造。每个人都应该有自己的个性。你是你，我是我，人家一看就知道。然而，不管人有什么个性，在现代社会中，都要讲团队、讲协作。所以，人们希望今天的教育所培养的孩子的个性是鲜明的，同时又是具有团队协作意识的，能在未来社会当中成为一个能够交流的、健康生活的人。重视知识的传递，一直是教师职业的重要表现。新课程改革虽明确提出学生培养的三维目标——知识与技能、过程与方法和情感态度价值观，但由于受到当前考试评价体制的制约，过程与方法、情感态度价值观的内容很难在纸笔测试中体现出来，导致在当前的教学过程中，被师生所重视的依然主要是知识的记忆、理解和应用，而过程与方法、情感态度价值观的教育和培养处于被弱化的状态。

有不少人一直心有疑虑：慕课是否适合于中小学教育？在他们看来，中小学是孩子们人生观、世界观与价值观形成的主要阶段，虚拟的网络世界阻断了师生，甚至阻断了生生之间的面对面交往。这种交往的缺失，必然会导致学生在情感、态度和价值观方面教育的缺失。事实上，在中小学，慕课一开始就是以"微视频+网络移动自主课堂"为基本的模式，而这一模式为师生与生生之间的更深入交流提供了充足的时间，为他们相互之间产生的更深刻的影响提供了难得的机会。

微视频学习是网络移动自主课堂实施的前提，而网络移动自主课堂的目的是解决微视频学习不能解决的问题，如师生和生生之间的讨论交流，以及在此过程中的思维碰撞与深化、情感与心灵的交融、理想信念价值观的确立等。这些都是需要在课堂上完成的，微视频学习和网络移动自主课堂的实施是密不可分的。这一事实就决定了网络移动自主课堂不会削弱对中小学学生情感、态度和价值观的教育。

二、云计算对网络移动自主课堂教学的重要性分析

（一）有利于学生多元化地获取知识

科学技术的发展，尤其是信息技术的到来，已大大变革了学生的学习方式。电子白板、移动学习终端等学习工具、教学工具的推广和普及，改变了由教师作为单一的知识来源的局面。云课堂教学模式让学生获取的信息量更多，探索的空间更为宽广，可利用的学习形式更为丰富有趣，从而使学生的学习从单一向多元化转变，从被动学习变为主动学习，从而真正成为学习的主人。

（二）有利于激发学生学习的热情，增加师生的互动

在传统的教学中，如果教师不能用知识的疑点去吸引学生，用优美的语言去感染学生，课堂教学就会呈现教师"单脚跳独舞"的现象。随着时间的推移，学生听得枯燥乏味，教师讲久了自己也觉得没劲。云课堂教学模式最大的好处就是全面提升了课堂教学的互动性，教师的角色已经从"内容的呈现者"转变为"学习的教练"，教师有时间与学生交谈，回答学生的问题，或参与到学习小组观察学生之间的互动，对每个学生的学习进行个别指导。在这样的环境中，学生更深刻地体会到了教师是在引导他们的学习，而不是发布指令，也不会因怕答错问题而拘谨，而是轻松、自信、想学、有意义。

（三）有利于让学生掌握学习的主动性

每个学生的学习能力和兴趣是不同的。在传统课堂教学的方式中，最受教师关注的往往是看起来"最好"和"最聪明"的学生，他们在课堂上积极举手、响应或提出很棒的问题。与此同时，其他学生则是被动地在听，甚至跟不上教师讲解的进度，也无法真正实现分层教学。云课堂教学则利用教学视频，使学生能根据自身情况来安排和控制自己的学习深度，真正实现分层教学，每个学生都可以按自己的速度来学习。学生可以在课外或回家看教师的视频讲解，使得其学习完全可以在轻松的氛围中进行，而不必像在课堂上教师集体教学那样紧绷神经，担心遗漏什么，或因为分心而跟不上教学节奏。学生观看视频的节奏快慢全由自己掌握，懂了的则快进跳过，没懂的则倒退反复观看，也可停下来仔细思考或做笔记，甚至还可以通过聊天软件向教师和同学寻求帮助。

（四）有利于改变课堂管理模式

在传统教学课堂上，教师必须全神贯注地注意课堂上每个学生的动向，关注自己所讲的每一个知识是否讲清、讲透。大家都清楚，讲课不可能每一节都有趣，一旦知识较难或教师准备不充分，或一些学生稍有分心就会有跟不上的情况出现，学生就会感到无聊或搞小动作甚至影响其他人学习。实施云课堂教学模式，可以使每个学生都在忙于活动或小组协作，使缺乏学习兴趣而想捣乱课堂的学生也有事可做，"表演失去了观众"，课堂管理问题也就消失了。

（五）有利于让教师与家长深入交流

云课堂教学模式改变了教师与家长交流的内容。大家都记得，每次开家长会，父母问得最多的是自己孩子在课堂上的表现和成绩如何。如是否专心听讲、行为是否恭敬、是否举手回答问题、是否完成作业等。这些看起来很普通的问题，其实在传统教学情景中回答起来却很片面、很笼统。而在实施云课堂教学后，在课堂上这些问题也不再是重要的问题，取而代之的是：孩子们是否在学习？如果他们不学习，家长能做些什么来帮助孩子学习呢？这些更深刻的问题会带领教师与家长商量如何把学生带到一个学习的环境，从而引导学生主动地去学习，帮助学生成为更好的学习者。

总之，经过云课堂教学后，教师有精力、有时间去获取新知识和新理念，以便不断丰富自己。这样在 45 分钟课堂上教师不再是满堂灌，而是用高度概括的语言把知识精要在学生最需要的时候讲给学生，课堂中更重视知识的生成过程和教会学生归纳概括的能力。这样便能做到有的放矢，真正做到讲课的高效、学习的高效、时间的高效和效果的高效。

（六）有利于转变传统的教学模式

在传统的教学过程中，以教师讲解和学生听讲为主，然而在这种传统的教学模式下，出现了教师很努力但是学生仍兴趣不高的现象，这样的课堂无法形成真正的师生互动，更无法形成真正的生生互动。此外，在这种教学模式下，学生的学习兴趣很低，学习效率也很低，尤其是对于以科学和严谨著称的信息技术课程，很多学生的学习积极性本应该很高，但是在传统的教学模式下，必然有很大部分的学生不喜欢信息技术。

网络移动自主课堂教学模式将这种传统的课堂进行了一次翻转，使学生成了课堂的主体，使学生在教师的引导下进行合作探究、互相讨论，彼此之间能够协作竞争、互相提高，并且教师在教学的过程中，其教学水平和业务能力也会有很大提高。

（七）有利于营造个性化的学习环境

在传统的教学模式中，教师如果准备一堂课，理论上这堂课要顾及班级里各个学习层次的学生，而实际上受讲授时间等因素影响，这堂课的内容仅能适合其中一部分的学生，对于其他的学生是不合适的。在这样的情况下，新课改所倡导的分层次教学就无法得以实施。网络移动自主课堂的出现打破了这一僵局，它要求学生在课前充分预习课本内容，这样预习课的学习时间就变长了，从而提高了教学效率，并且教师在上课的过程中，利用多种教学情境引导学生相互协作、积极探究，在触发学生学习能动性的同时内化了所学知识。这样的课堂适合每一个学生，适合每一个层次的学生，使他们能根据教师发放的学习任务书来达成自己的学习目标。

在利用网络移动自主课堂的时候，电脑的基础知识很重要，但是单纯的信息技术知识很枯燥，学生不喜欢学习这些电脑知识，所以，教师可以通过网络移动自主课堂设置一些个性化的学习环境让学生去学习、去应用。比如，现在的中学生对电脑游戏比较感兴趣，为了让学生能更好地学习电脑的基础知识，教师可以设置或选择一些有益于学习的小游戏，让学生进行通关式的学习，在通关的过程中，让学生学习电脑相关的硬件知识，这样不仅学生学得比较牢固，并且学生通过探索合作完成整个游戏也会提高继续学习的兴趣，在这个合作的过程中，学生的合作能力也有了显著的提高。

（八）有利于构建互动、协作、探究的学习模式

学习不是一个学生独立完成事情的过程，它需要教师与学生通过交流、互动来共同完成，在这个过程中学生完成了对知识的内化。在传统的课堂上，这种对知识的内化实现起来非常难，因为教师面对的是整体的学生，而网络移动自主课堂却将这一内化的过程拉长，学生不仅在课堂上可以通过学习得到知识，在课堂外也照样能够习得知识。同时，网络移动自主课堂还可以利用多媒体及网络来实现教师授课的随时暂停、反复播放，这有利于学生参与其中并且反复观看、揣摩和思考。此外，网络移动自主课堂也能实现教师与学生、学生与学生之间的互动，使学生能够以合作探究小组的形式一起探究，最终达到学会的效果，并且能够灵活地进行知识的应用。

因此，在平时的教学过程中，教师应该专门建立一个学习、交流的平台，然后将自己制作的课件或者是攻克难点和重点的过程放在这个平台上，

供学生下载学习，如信息库的设计方式、如何发布信息和处理信息等。有了这个平台，学生就可以随时随地地学习、复习这些知识，即使有些学生在上课的过程中没有听懂这些内容，在课下自己学习和再复习的时候，也能慢慢地理解这些内容，这其实就是网络移动自主课堂的一种方式。

（九）有利于促进教学评价的改变

在传统的教学过程中，教学评价的方式简单而又直接，即利用考试成绩来评价学生的学习努力程度和学习态度，但这种方式有一定的局限性。自网络移动自主课堂实施以来，教学评价方式也发生了相应的转变，它不仅评价学生的学习结果，还利用学生档案的形式评价了学生的学习过程；不仅做到了定性评价和定量评价相结合，更做到了形成性评价对总结性评价的总结和补充。另外，网络移动自主课堂还注重以学生的自评和互评相结合的方式对学生进行评价，不仅让学生知道自己有哪些方面做得不足，还可以请同学对自己进行监督和评价。这样，学生能够随时看到自己的不足，也能够随时根据评价内容来调整自己努力的方向。

第七章 高校创新型人才培养的意义与理论探索

第一节 培养创新型人才的意义

一、培养创新型人才是建设创新型国家的需要

（一）创新型人才的贡献

科学技术是人类伟大的创造性活动，一切科技创新活动都是人做出来的。我国要建设世界科技强国，关键是要建设一支规模宏大、结构合理、素质优良的创新人才队伍，激发各类人才的创新活力和潜力；要极大调动和充分尊重广大科技人员的创造精神，激励他们争当创新的推动者和实践者，使谋划创新、推动创新和落实创新成为自觉行动。

本节通过四个实例，来阐述创新型人才对社会的贡献。

1. 牛顿

他发明了反射望远镜，解释了潮汐现象，指出潮汐的大小不但同月球有关，而且与太阳的引力也有关系；从理论上推测出地球不是球体，而是两极稍扁、赤道略鼓，并由此说明了岁差现象；在物理学上基于伽利略、开普勒等人的工作，提出了三条运动基本定律、万有引力定律和经典力学理论体系；在数学上创立了"牛顿二项式定理"，并和莱布尼茨几乎同时创立了微积分学；在光学方面发现白色日光由不同颜色的光构成，并制成"牛顿色盘"；关于光的本性，他创立了光的"微粒说"；在著作《自然哲学的数学原理》中解释了哥白尼的日心说和天体运动的现象。

2. 赫兹

赫兹是德国物理学家。1888 年，他用实验证实了电磁波的存在，验证了麦克斯韦理论的正确性。他认为，电磁波可以被反射和折射，如同可见光、热波一样可以被偏振，光是一种电磁现象。赫兹还通过实验确认了电磁波是横波，具有与光类似的特性，如反射、折射、衍射等，并且实验了两列电磁波的干涉，同时证实了在直线传播时，电磁波的传播速度与光速相同，从而全面验证了麦克斯韦的电磁理论的正确性，并且进一步完善了麦克斯韦方程组，使它更加优美、对称，从而得出了麦克斯韦方程组的现代形式。他还通过紫外线对火花放电影响的研究，发现了光电效应，即在光的照射下物体会释放出电子的现象。这一发现后来成了爱因斯坦建立光量子理论的基础。赫兹实验不仅证实麦克斯韦的电磁理论，更为无线电、电视和雷达的发展找到了新途径；不仅证实了麦克斯韦理论的正确性，更重要的是开创了无线电电子技术的新纪元，成了近代科学史上的一座里程碑，具有划时代的意义。

3. 普朗克

普朗克是德国物理学家，他冲破传统观念的束缚，于 1900 年提出了能量分立性的理念，是物理学领域基本概念的重大变革。爱因斯坦对此评价道："量子这一发现成为 20 世纪物理学研究的基础，从那时起几乎完全决定了物理学的发现。要是没有这一发现，那就不可能建立起分子、原子及支配他们变化的能量过程的理论，而且，它还粉碎了古典力学和电动力学的框架，并给科学提出了一项新任务：为全部物理学找出一个新的概念基础。"

4. 爱因斯坦

爱因斯坦是美籍德国犹太裔理论物理学家，20 世纪最伟大的科学家，因提出了相对论而闻名于世。1905 年，他在狭义相对论、光电效应和布朗运动三个不同领域里都取得了重大成果。相对论原理的建立是人类对自然界认识过程中的一次飞跃，他圆满地把传统物理学包括在自身的理论体系之中。广义相对论更开阔了人类的视野，使科学研究的范围从无限小的微观世界扩大至无限大的宏观世界。今天，相对论已成为原子能科学、宇宙航行和天文学的理论基础，被广泛地运用于理论科学和应用科学之中。爱因斯坦的相对论，是自然科学发展史上一个划时代的里程碑。

以上事例表明，是无数创新人才的杰出成就开辟了科学发展的新纪元。牛顿的三大运动定律及万有引力定律，奠定了经典力学研究的基础；爱迪生发明的电灯，把人类带进了一个崭新的电光世界；普朗克的量子论，铸就了 20 世纪物理学研究的一座丰碑；爱因斯坦的相对论，以一种新的时空观开辟了人们认识世界的新天地；比尔·盖茨创办的微软，使计算机走进了城市乡村的千家万户。

20 世纪是人类历史上科学技术发展的辉煌时代，进入 21 世纪，随着科学技术发展的整体性、综合性和交叉性的不断增强，科技知识的生产、传播和转化应用将会空前加快，科学技术对社会经济发展必将产生更大的影响。可以预见，未来在生物技术、新材料技术、空间技术、人工智能技术等领域，很有可能像 IT 产业的崛起一样，再形成一个或多个产业群。人们会更加明白一个道理：一项重大的科技进步和科学创造，会带动一个产业甚至一个产业群的兴起，从而促进国民经济的大幅提升。

（二）中国人才发展的状况

建设创新型国家的决定性因素是人才，人才资源是创新型国家建设的第一要素。联合国开发计划署（UNDP）用人类发展指数（HDI）中的"教育指数"作为国家人才发展的数量指标，来衡量一个国家在基础性人才培养方面取得的成就。HDI 是一个涵盖健康、教育和收入三个方面，测量人类发展情况的综合方法，报告对各国的三个指标进行标准化与合并，进而统计出 HDI 值。其计算方法为：首先计算出各国的成人识字指数和小学、中学、大学的综合毛入学指数，其次据此计算出相应的人才教育指数。其中成人识字权重为 2/3，综合毛入学率权重为 1/3。计算公式为：

人才教育指数=2/3（成人识字指数）+1/3（总入学指数）

联合国发布的《2023/2024 年人类发展指数报告》显示，2022 年，世界 HDI 平均值为 0.739，中国 HDI 值为 0.788，在平均数之上，跻身高人类发展水平国家行列。与 2021 年相比，中国的全球排名上升了 4 位，在 193 个国家和地区中排名第 75 位。中国 HDI 值的攀升，是中国共产党践行以人民为中心的发展理念，将人置于现代化发展核心位置的结果。

（三）中国创新型人才发展的现状

建设创新型国家的关键是提高自主创新能力，而提高自主创新能力的关键是创新型人才的培养。中国的创新型人才总量短缺，顶级人才、高端人才和大师级人才，特别是那些能在某一领域独树一帜、领先世界，能带领团队奋勇争先、勇攀科学高峰，在某些方面取得突破性进展，具有号召力、向心力、凝聚力的领军人才不足，从而制约自主创新的发展。

国内统计数字显示，中国科技人才总体规模位居世界第一，但拔尖人才和高层次人才十分短缺，能跻身国际前沿、参与国际竞争的战略科学家更是凤毛麟角。在综合国力竞争日趋激烈的形势下，创新能力不足将对经济社会发展和国家安全构成严重制约。

（四）创新型国家建设的任务

当前，我国的科学技术总体水平与主要发达国家和新兴工业化国家相比还存在较大差距，关键技术自给率还不高、发明专利数量少、科学研究质量有待进一步提高、尖子人才比较匮乏、科技投入相对不足等仍是待解之题。而这一切，说到底还是人才问题。加强自主创新、建设创新型国家，关键是人才，重点是创新型人才。没有创新型人才，加强自主创新、建设创新型国家就会变成一句空话。因此，大力培育创新型人才，创新用才机制，营造容才环境，为加强自主创新、建设创新型国家提供坚强的人才保证和智力保障显得尤其迫切和重要。

当然，中国建设创新型国家也具备很多有利条件：首先，新中国成立以来，经过几代人努力，中国已经建成了世界上为数不多的国家才具备的完整科学技术体系，这是我们国家自主创新、建设创新型国家的基础；其次，我们有充足的科技人力资源，中国的科技人力资源和研发人员数量，在世界上分列第一和第二，是中国进入创新型国家前列、任何国家无法比拟的最宝贵资源；再次，我们已经具备了比较强的科技实力，在生物、纳米、航天等一些重要领域，研究开发能力已跻身世界先进水平；最后，中华民族有悠久的历史文化传统，中华民族的教育历史、辩证思维、集体主义精神和丰厚文化积累，都为中国未来的创新创造了多样化的路径选择。

综上所述，抓好人才培养、加大培养力度，是当前迫切需要重视和解决的问题。首先，要从基础教育抓起，为培养创新型人才打下坚实的基础；其次，要把创新型人才的培养作为人才培养的重点，努力培养一批德才兼备、国际一流的科学技术尖子人才、国际级科学大师和科技领军人物，特别是要抓紧培养一批中青年高级专家；再次，要采取强化培养与鼓励探索相结合、国内锻炼与国际交流相结合、梯队建设与团队建设相结合等方式，加快培养高层次创新型人才；最后，还要充分发挥组织、人事、科技等部门和企业、科研院所、学校等单位的职能作用，加强创新型人才基地建设，加大创新型人才培养投入的力度。

二、培养创新人才是构建和谐社会的需要

如果一个社会缺乏前进的动力，处于长期停滞的境地，就不可能有真正意义上的和谐社会，经济发展和社会进步也是不可能的。构建和谐社会，必须保证全体人民各尽其能，充分发挥自身的能动性和创造性，增强全社会的创造活力，让一切创造财富的源泉充分涌现，不断满足人民群众日益增长的物质和文化需要。

（一）让一切有利于社会进步的创造愿望得到尊重

创造愿望是一种可贵的愿望，包含永恒的创造冲动。现代人的基本特征是不人云亦云，不同于成见，不因袭传统，不迷信权威，不满足已有环境条件，乐于接受新的思想理念和新的行为方式，有改革和变化的要求。总之，就是一句话：具有创造精神和创造愿望。因此，要充分认识人民群众是创造的主体，切实尊重广大人民群众的创造愿望和创造实践，善于自觉地从人民群众的创造实践中获取智慧和力量，这也是增强创造力的深厚源泉；要坚持解放思想，实事求是，鼓励人们除旧布新、推陈出新和破旧立新，打破思想禁锢，鼓励思想碰撞，推进思想解放，激发思想创造；要主动了解人民群众创造的愿望和要求，鼓励他们在创造中为社会做贡献，同时体现自身的价值。

所以，不论是体力劳动还是脑力劳动，不论是简单劳动还是复杂劳动，一切有创造愿望的劳动，都是光荣的，都应该得到承认和尊重；不但要切实尊重人们的创造愿望，还要努力营造"百花齐放、百家争鸣"的环境氛围，形成一种更加平等、更加宽松、更加活跃的气氛，鼓励人们研究新问题，提

出新见解，探索新思路，允许提出不同意见，在一定的范围内讨论。一个社会充满活力的标志，就是能充分调动全社会的创造性，使每个人都富于创造精神，积极参与各种创造性的工作和活动，成为增强全社会创造活力的主体。

（二）让一切有利于社会进步的创造活动得到支持

创造活动是最有可能对价值生产和社会进步做出贡献的劳动，其表现为创造者在创造动机和创造意识的支配下，运用一切已知的信息，通过创造思维和创造方法产生新的具有社会价值的产品的能力。现代经济和社会的竞争，主要表现为科技的竞争，归根结底是人才及人的创造力的竞争。对一切有利于社会进步的创造活动给予充分支持，是和谐社会充满活力的保证。由于创造活动是特殊的劳动，有特殊的贡献，应该有特殊的支持。从政策层面上讲，要有特殊的政策扶持和激励措施，比如，根据创造活动风险较大、不确定因素较多的特点，以政府为主，社会参与建立创造基金、风险投资基金，鼓励社会进行创造性的探索和冒险，减少创造活动的成本；在制度安排上，要健全和完善公平竞争的环境，促使人们充分展示自己的聪明才智，发挥创造力，不断进行理论思维、体制机制、科学技术等方面的创新，通过创新实现自身的利益，并积极推动经济发展和社会进步。支持创造活动还要建立一种保护创造和爱护创造的机制，即允许人们在创造中失败，宽容创造者的失败。创造活动从本质上讲是一种探索未知领域的活动，在创造活动进行过程中遇到困难、遭受挫折和失败是一种比较普遍，甚至可以说是不可避免的现象。创造者怎样面对困难、对待挫折和失败，以及社会怎样对待创造者，都会对创造活动的最终成败产生决定性的影响。全社会应该形成一种鼓励、保护、关心和帮助创造活动的良性机制和良好氛围，健全社会保障体系，保证创造中一时失利的人有基本的生活保障，使他们有总结经验教训、东山再起、继续坚持创造活动的机会。

（三）让一切有利于社会进步的创造才能得到发挥

充分发挥一切有利于社会进步的创造才能，是和谐社会充满活力的表现。创造才能是蕴藏在创造者身上的创造能力，是一种非常宝贵的生产力资源。创造才能的发挥，就是要做到人尽其才、才尽其用，将可能的生产力变为现实的生产力，取得有创造性的成果，对社会有创造性的贡献。如何将人们的创造才能充分发挥出来呢？要切实做到尊重劳动、尊重知识、尊重人才和尊重创造，尤其是尊重人才，人才是人群中最具有创造优势的优秀分子，增强创造活力必须首先发挥他们的创造才能，让他们各显其能、各尽其才、各有所为；要在全社会树立尊重人才、珍惜人才的风尚，确立人才浪费是最大的资源浪费这个理念，从各个方面创造条件，使各类人才有用武之地；要冲破一切限制人才发挥的思想观念，改变一切束缚人才创造的做法和规定，革除一切影响人才创造的体制弊端。应该看到，在现实生活中，影响人才发挥的因素，如一些旧观念、旧体制和旧做法还在相当的范围内相当程度地存在着，一些不敢创造、不能创造和不易创造的现象依然存在，既抑制了人才的积极性，也影响了社会的活力。对有创造才能的优秀分子，应该大胆使用，放到最能发挥他们聪明才智和创造力的岗位上，切实从政治上、工作上、生活上关心和爱护他们。一般来说，有创造才能的人往往会有较强的个性，人们对他们会不理解或看不惯。因此，社会要有容人之心、容人之量，对有创造才能的人才不能求全责备，对大家不理解的应及时帮助解释、说明清楚，并且应允许他们在创造中犯错误和改正错误；对他们创造中的不完善，要及时帮助完善；对他们的缺点错误，要及时给予善意的批评和纠正，不能一棍子打死；对恶意的造谣中伤，要及时澄清和制止。总之，要使有创造才能的人有安全感和事业心，从而少受干扰，一心一意地从事有创造价值的劳动。

（四）让一切有利于社会进步的创造成果得到肯定

一切有利于社会进步的创造成果都是人类创造的重要结晶，也是对社会的重要贡献，理所当然应该得到充分的肯定。要建立科学的创造成果评价体系和机制，保证创造成果的价值得到客观和公正的评估；在分配机制上，要充分体现创造成果的价值，将创造成果纳入生产要素参与分配；要尊重创造者的意愿，允许根据合同约定将创造成果以资本的股权或期权形式兑现报酬；应建立以政府奖励为导向、用人单位和社会力量为主体的奖励体系，充分发挥经济效益和社会效益双重激励作用，充分体现创造的价值；对经济发展和社会进步有重大发明创造的成果，应给予重奖，形成创造光荣、创造伟大的示范效应；要建立健全创造成果的知识产权保护机制，切实保护创造主体关于创造成果的权利，知识产权不明晰，则很难激发人们的创造积极性。所以，凡是侵犯创造者创造成果权利的，应依法严肃惩处，并充分发挥新闻舆论的作用，大力宣扬创造的成果，介绍创造者的贡献，在全社会营造崇尚创造、尊重创造和支持创造的舆论氛围，让更多的人投身到创造中来。

第二节　创新人才的核心问题是创造力培养

影响创新人才成长的因素有很多，但在众多影响因素中，创新精神和创造能力是创新型人才成长和发展中最基本、最核心的，在市场经济史上，凡是经受住时间考验的优秀企业，都把创造力作为企业的最大财富。世界"钢铁大王"安德鲁·卡耐基曾经说过，你可以把我所有的厂房、资金、设备和市场统统拿去，只要保留我的骨干人员，过四年我又是一个钢铁大王。这里的骨干人员，显然就是具有创造力的人才。在卡耐基看来，他之所以能成为"钢铁大王"，靠的并不是硬件，也不是昔日成功经验的思维定式，而是个人的创造才能和团队的创造力。

创造力是创造主体在创造活动中表现出来并发展起来的各种能力的总和，是人的知识、技能、智力及个性、品格的总和。在纷繁复杂的现代社会，全球问题千头万绪，在未来的挑战面前，人类已不能仅依靠有限的资源和能源，也难以依靠历史的经验，只有抓住"创造"这个关键，通过创造发明，才能取得突破。一般来说，创新人才的创造力有以下三个方面的体现。

一是审时度势的适应力。人才的创造性活动，都是在特定的时空条件下进行的，对所处的时空环境可以深切了解并能主动适应，是创造力发挥的前提。因此，要有开放的胸襟、战略的思维和宽广的眼光；要敏于把握时代走向和发展趋势，善于将自己从事的实践与国际、国内大局联系起来，在大局背景中予以准确定位；要敢于突破陈旧观念和习惯思维的束缚，形成创新工作思路，从而激起创业和奋斗的热情；要不断为实践开拓出广阔发展空间，获取令人瞩目的辉煌业绩。二是对专业发展的把握力。随着社会日新月异的发展，人才的创造活动越来越趋向于专业化水平，人才的创造力更多地体现在充分发挥专业特长所取得的专业实践成果中。三是知识运用的原创力。知识贫乏、孤陋寡闻固然跟不上形势，难有作为，而如果面对汪洋大海般的信息，却不知取舍、不会运用，同样难有作为。唯有真正懂得和掌握为我所需的知识，才能够迅速、充分、有效地选择、获取和存储，并消化和吸收，将其转化为独特的见解、创见和远见，自觉地用知识指导实践，才能始终保持科技创新活力，开创新局面，创造出新业绩。这种知识运用的原创力，是创新人才的本质性能力。

自主创新能力是国家的核心竞争力，也是企业生存和发展的关键，要实现我国经济社会又快又好的发展，必须切实提高自主创新能力。提高自主创新能力是保持经济长期平稳较快发展的重要支撑，是调整经济结构、转变经济增长方式的重要支撑，是建设资源节约型、环境友好型社会的重要支撑，也是提高中国经济的国际竞争力和抗风险能力的重要支撑。我们要把增强自主创新能力作为科学技术发展的战略基点和调整经济结构、转变经济增长方式的中心环节，努力走出一条具有中国特色的科技创新之路。由此可见，在中央决策层对我国未来的战略布局中，自主创新已不仅限于科技层面，而是牵动经济社会发展的支点，更是事关国家全局的政治谋略，在未来的发展规划中占据重要地位。

因此，一定要有高度的历史责任感、强烈的忧患意识和宽广的世界眼光，紧紧抓住机遇，应对各种挑战，奋力把中国特色社会主义事业向前推进。科学技术是第一生产力，是推动人类文明进步的革命力量，因此要贯彻落实科学发展观，实施科教兴国战略和人才强国战略；要进一步发挥科技进步和创新的重大作用，把经济社会发展转入以人为本、全面协调可持续发展的轨道。

综上所述，只有把科学技术置于优先发展的战略地位，真抓实干、奋起直追，才能把握先机，赢得发展的主动权。

第三节　创造性人才与创造力

在现实生活中有各种各样的人才，他们到底是怎么成功的呢？不少学生时代的高才生毕业后却毫无建树，而一些学习成绩平平的学生后来却成了重要人才。面对这一绝非偶然的现象，人们不禁要问：决定一个人成功或失败的主要因素到底是什么？

大量事实表明：一个人的成功既不主要取决于知识的多少，也不主要取决于智力的高低，而是与个体的创造力有很大关系。这里讨论创造学中的两个核心概念：创造性人才和创造力。

一、创造性人才

一般而言，创造性人才包括创造性思维和创造性人格两个方面。

（一）创造性思维

创造性思维是个体在创造活动中表现出来的一种思维品质，属于智力因素。它不仅有一个过程，而且还有产品，但更重要的是与个性、人格特征相联系，表现出创造力的个性差异，即创造性或独创性的智力品质。

北京师范大学林崇德在研究人的创造力时，提出了创造性思维的特征及其表现：创造性活动表现出新颖、独特且有意义的特点；思维加想象是创造性思维的两个重要成分；在创造性思维过程中，新形象和新假设的产生带有突然性，常常称为灵感；在思维意义的清晰性上，创造性是分析思维和直觉思维的统一；在创造性思维的形式上，它是发散思维与聚合思维的统一。

也有人提出，创造性思维除了具有思维的一般属性外，还具有一些它自己的特征：① 新奇性。即只有提出与众不同的新奇想法，才有可能进行创造。② 灵活性。即能灵活地变换对问题的思维角度，不被常识束缚住，不固执于一种成见之中，思维一旦受阻，能巧妙地转向前进。③ 联想性。正如爱因斯坦所说，想象比知识更重要，因为知识是有限的，而想象力概括着世界上的一切，推动进步并且是知识进化的源泉，从严格的意义上说，想象力是科学研究中的实在因素。④ 反常规性。即创造性思维往往以违反常情和不合逻辑的形式出现，因而它常常不易被人理解。⑤ 顿悟性。即创造性思维常常是在人们苦思冥想之后，以一种突然的形式在人们头脑中闪现。⑥ 可迁移性。即从一种情景开发的创造性思维能力，可以迁移到其他情境中去。

影响创造性思维的因素包括积极因素和消极因素两个方面。积极因素有：亟待解决的困难或问题，激发创造性思维；广博的知识与兴趣，促成创造性思维；追求普遍性规律或结论，进行创造思维；具体化和形象化，诱发创造性思维；好奇心、信念和求知欲，激发创造性思维；开展讨论可以刺激创造性思维。消极因素有：知觉定型化，阻碍创造性思维；不健康的心理，扼杀创造性思维；传统习俗的禁锢，使人不敢进行创造性思维；常规性工作方式和思考方法及由此形成习惯性思维程序，抑制创造性思维；不加批判地向权威和书本学习，妨碍创造性思维。

（二）创造性人格

创造性人格属于非智力因素。关于这方面的研究，美国心理学家韦克斯勒曾收集了众多诺贝尔奖获得者青少年时代的智商资料，结果发现他们中的大多数并不是高智商，而是中等或中等以上智商。吉尔福特在对创造性人格进行研究后提出了八条：① 有高度的自觉性和独立性；② 有旺盛的求知欲；③ 有强烈的好奇心，对事物的运动动机有深究的动机；④ 知识面广，善于观察；⑤ 工作中讲究条理性、准确性、严格性；⑥ 有丰富的想象力，敏锐的直觉，喜好抽象思维，对智力活动与游戏有广泛的兴趣；⑦ 富有幽默感，表现出卓越的文艺天赋；⑧ 意志品质出众，能排除外界干扰，长时间地专注于某个感兴趣的问题中。

斯腾伯格在此基础上，提出了创造力的三维模型理论，其中第三维为人格特质，由七个因素组成：① 对含糊的容忍；② 愿意克服障碍；③ 愿意让自己的观点不断发展；④ 活动受内在动机的驱动；⑤ 有适度的冒险精神；⑥ 渴望被人认可；⑦ 愿意为争取再次被认可而努力。

结合上述观点，可以将创造性人才的非智力因素或创造性人格的特征概括为：健康的情感，包括情感的程度、性质及理智感；坚强的意志，即意志的目的性、坚持性（毅力）、果断性和自制力；积极的个性意识倾向，特别是兴趣、动机和理想；刚毅的性格，特别是性格的态度特征；良好的习惯。

由此可见，培养创造性人才，不仅要重视培养创造性思维，而且还要特别关注创造性人格的训练，而不能简单地将创造性视为天赋，更重要的是看作后天培养的结果；不要把创造性的教育限于智力，而应是德、智、体、美、劳的整体任务。

当考察创造性人才时，应从创造力的广义角度来看，因为具有创造性思维而不能将它变成产品与没有创造力本身是没有多大区别的。所以，创造性人才应是具有创造性思维和实现转化能力的人才，是复合、全面而有鲜明个性特征的新型人才，必须具备个性化的知识结构与能力素质。

二、创造力

有关创造力的研究有很多，但创造力和智力一样，一直没有公认的确切定义。创造性的行为和过程至今仍然是个令人费解的问题。长期以来，创造力一直被看成是一种超常的能力。从古希腊开始，人们就将人类的创造力视为缪斯女神的恩赐，甚至伟大的哲学家柏拉图也支持创造力是神秘的和毫无理性的观点。但有人认为创造力的核心特征应该是类似物理学的独创性和规律性，而艺术家又认为创造力应该是充满想象力和创新的。由于这些观点各不相同，对创造力的评价和定义也各不相同，因而有关创造力的实验性研究非常分散。研究者通常用他们自己的研究方法来定义创造力，一般的方法包括心理测量学的评估、社会认知和人格发展的影响、认知过程的分析等。这些方法有一个共性的问题，就是绝大多数人都认为创造力是只有天才或者那些具有特殊能力的人所具有的，而不是普通人所具备的特性。研究者们认为创造力超乎一般人能力的正常范围，也超乎一般的认知过程。然而，最近的关于创造力过程的研究显示，创造力活动中的认知过程具有一定的普遍性和规律性。

（一）创造力的概念

在专业研究领域，创造力是个复杂而具有争议性的概念，查阅有关资料，发现研究者对创造力的概念各持己见，表述众多。

偏振片照相机的发明者爱德华·兰德认为：创造力是愚蠢行为的突然中止。

吉尔福特认为：创造力是指创造者最富特色的能力。

德雷夫达尔认为：创造力是人产生任何一种形式的思维结果的能力，而这种结果在本质上是新颖的，是产生它们的人事先所不知的。创造力本身就包含有由已知的信息建立起新的系统和组合的能力，还包括把已知的关系运用到新的形势中去和建立新的相互关系的能力。

林崇德认为：创造力是根据一定的目的，运用一切已知信息，产生出某种新颖、独特、有社会意义或个人价值的产品的智力品质。

以上观点分别从创造活动的过程、创造活动的主体、创造活动的结果等方面对创造力进行了研究，并取得了众多的研究成果，但结果造成对创造力的概念难以把握的状况。

从众多观点的表述中，可以归纳出两种比较明显的认识倾向：一种认为创造力是一种心理过程，另一种认为创造力是一种产物，但其中也有一个共同点，他们都认为创造力是一种心理品质。

根据学者们对创造力的认识，这里把创造力的概念概括为：创造力是具有积极个性心理品质的人，在各种社会实践活动中，能够打破常规去产生出具有现实意义的创造成果的能力。这里的"成果"可以是新概念、新思想、新理论、新技术、新工艺、新作品等。不管是强调思维过程，还是强调思维产品，抑或是强调思维品质，关于创造力的观点都有一个共同点，即突出"创造"的特征。这样，在认可了创造力是一种能力的同时，又认可创造力是一种复杂的心理过程和新颖的产物。按照这样的理解，创造力的判断标准应该有三点，即是否新颖、是否独特、是否具有社会或个人价值。"新颖"主要是指不墨守成规、破旧立新、前所未有，是相对于历史而言的纵向比较；"独特"主要是指不同凡俗、别出心裁，是相对于他人而言的横向比较；"有社会价值"是指对人类、国家和社会进步具有重要意义，如重大发明、创造等；"有个人价值"则是指对个体的发展有意义。但是，这三点判断标准并不意味着没有进行过创造活动、没有产生过创造产品的个体，就一定不具有创造力，也就是说，创造力有内隐和外显两种形态。内隐的创造力是以某种心理、行为能力的静态形式存在，它从主体角度提供并保证个体产生创造产品的可能性，但在没有产生创造产品之前，个体的这种创造能力是不能被人们直接觉察到的；当个体产生出创造产品时，这种内隐的创造力就外化为物质形态，成为外显的创造力。

（二）创造力的认知规律

1. 认知规律在创造性活动中的普遍适用性

有关创造性认知过程的研究还没有肯定的结论，有些研究者提出创造性活动也包含十分规则的认知过程。实验研究发现，人们在完成创造性和非创造性的实验室任务时表现出相似的信息加工过程。在非创造性的分类任务中，人们运用样本的典型特征作为判断类别的标准，例如，在判断鸵鸟、知更鸟、蝙蝠是不是鸟类的任务中，典型特征就包括大小、羽毛、飞翔等；在创造性的任务中，人们在设计外星人或玩具时，同样是以分类的典型特征为基础的。因此，可以得出一个结论，对非创造性任务中重要的特性似乎对需要高创造力的任务也同样重要；另外，信息的功能性特征和关联属性也同样影响创造性和非创造性的任务。

2. 创造性任务和非创造性任务

由于研究者试图证明用于创造性行为的认知过程同样作用于更加非创造性的任务，因此，将创造性和非创造性的任务要求区分开来就显得十分重要。虽然它们的认知过程和机制是相似的，但是对于两个不同的任务要求，信息加工是不可能以同样的方式进行的。在非创造性任务中，主要依赖于记忆获得信息，而记忆是以一种特殊的上下文编码或特殊的学习情境为基础的，外显记忆的任务，如再认、分类等任务，要求对那些根据上下文编码的元素进行重建；而相应的，尽管在创造性任务中也需要某些领域的信息，但是对于信息的范围及可变性没有过多的限制，即对记忆结果没有很明确的要求。因此，虽然创造性和非创造性任务中都存在回忆过程，但是，创造性任务的特点是能搜索到更广泛的记忆范围，或者特异性限制更少。有研究表明，创造力的产生需要更多的全局知识结构系统，因此，创造性和非创造性认知过程的区别在于被试在完成任务时所选取的信息不同。

3.创造性认知过程的理论模型

早在 19 世纪末和 20 世纪初，亥姆霍兹和瓦拉斯就提出了可以将创造过程分成准备、潜伏、启发或灵感、证实或详细阐明等几个阶段。准备包括思考或学习与将要解决的问题相关的知识等心理因素。亥姆霍兹指出，除非是极小的问题，解决方法通常不会在准备阶段找到。潜伏期就是当一时找不到解决方法时暂时把问题搁置起来。一段时间之后，解决方法就会浮现出来，这就是启发或灵感阶段。最后，在详细阐述的阶段，形成合理而周密的新想法。

（1）创造力的精神分析理论

精神分析理论认为富有创造力的人比缺乏创造力的人更容易在初级状态和次级状态之间转换，而认知的不同主要表现在"初级—次级"加工的连续性上。在做梦、幻想等正常状态及精神失常、催眠等异常状态下均可发现初级思维加工。初级思维加工的特点是以自我为中心的、自由联想的和无拘束的，而且，常常是以具体图像来表现的，而次级加工是抽象的、合乎逻辑的，清醒状态下现实的思考。该理论认为创造性灵感常常来源于初级加工状态，因为初级状态是联想性的，有利于发现心理因素间的新结合，而对创造的详细阐述和表达则通常在次级状态下完成。一些研究发现，有创造力的人比缺乏创造力的人有更多怪诞的行为，能更好地回忆起他们的梦境，并且更容易被催眠。实际上，低创造力的人在"初级—次级"加工过程的连续体中，或多或少会出现"阻塞"，从而很难产生创造性的想法。

（2）生成探索模型

生成探索模型主要归纳了创造性活动中的认知过程，该模型提出，创造性活动就是对心理表征的提炼和重建的过程，认为创造性活动的认知过程主要有两个：产生过程和探索过程。产生过程是以不完全的形式建构最初的心理表征；而探索过程则是针对任务的创造性要求，对在初级过程中形成的表征进行提炼加工和反复修改。该模型提醒人们，在生成阶段要构建一种叫前发明结构的心理表征。这种表征并不是最终完整的产品或方案，常常只是一个思想的种子，但是有希望产生创造性的结果。产生过程包括提取记忆中已有的结构、对这些结构进行简单联合或合并、新结构在头脑中的综合、在头脑中将已有的结构转变成新形式、把一个领域的信息类推转变到另一个领域、类比还原等，从而使已有的结构从概念上被还原为更基本的要素。

在探索阶段，人们要寻找有意义的方式来解释前发明结构，从而获得创造性的发现。如果最初的探索就能够获得对当前任务满意的解决办法，那么，最初的前发明结构就能直接生成创造性产品。如果最初探索无效，就要放弃最初的前发明结构而去尝试生成另一个更有希望的前发明结构，或者修改最初的结构并运用修改后的结构重新进行探索过程。探索过程包括在前发明结构中寻求新颖的或是需要的特性，寻求这些结构中的比喻性的暗示，寻求结构的潜在功能。

关于创造力的认知过程还有其他的理论，如二层等级模型，它包括初级过程和二级过程，初级过程包括构思、评估等，二级过程包括动机、知识等，强调在创造性的活动中认知基础的重要性及认知过程的相互作用。

（三）创造力产生和选择过程的观点

根据精神分析理论，在生成探索模型和二层等级模型的基础上，有学者提出了一个创造力认知过程的框架，认为创造力的认知是两个综合过程相互作用的结果，这两个综合过程就是产生合成和选择。在产生合成阶段，创造者从相关领域进行广泛的信息搜索，这些信息的片段临时组合在一起形成某些新颖的组合，而在选择阶段，创造者对这些组合体通过选择或保留或放弃使其形成一些小的子集，这些子集可以继续根据记忆的线索进行更多的合成和选择过程。

产生过程在很大程度上与非创造性记忆提取很相似，然而，在创造性过程中不仅要提取与任务相关的信息，也要对信息进行合成加工。过渡阶段的合成允许提取的信息部分合并，然后作为再次提取的线索去搜索更深层次的相关信息或创新性的信息片段，如此不断反复。尽管这个过程看起来似乎是有意识和有准备的，但是生成的过程实际上依赖于直接信息（有意识的定向提取）和间接信息（无意识的信息提取）的联合应用。

合成过程和产生过程紧密相关，它包括将原先并无联系的信息片段提取合并成一个新的单独信息，这种信息的合成并不只是形式的合并，更多时候是概念的合并，因而会产生一些独立的新产物。最近一些关于概念合并的研究指出，单独的概念作为整体概念放在一起，会很容易产生概念合并的某些特征，从而出现新颖的概念。由于产生和合成过程是紧密相关并不断重复的，因此，可以将它们一起作为初级过程。

产生过程是产生一些可能会用于创造性活动的备用信息，而选择过程才是最终将信息形成产物的关键过程。选择过程是更高级的过程，它决定了什么信息将被采用及怎样将这些信息组合在一起。其中的一个机制是从产生过程选择某些信息的子集保留或者丢弃，选择过程可以保留或者否定产生和合并过程形成的产物。这一机制控制了信息的选择，并根据创造性的任务来检查已经形成的创造性的产物。不过，有研究发现，人们在进行创造性思考时，并不能完全避免去模仿别人的创新想法。这说明，选择过程的发生机制还不是很清楚，有可能是即刻的，或是依赖于特殊的任务的。

结合初级和次级过程的观点，可以将上述模型和理论进行归纳，初级过程主要的机制是产生和合成，而次级过程则主要在于对信息进行选择和监控。

（四）创造力初级过程的影响因素

1. 过去经验的无意识影响

从记忆研究的结果来看，后动效应是指执行某一任务对后来执行同样的或者类似的任务的促进作用，启动是无意识的自动过程，其形成和提取不依赖于有意识的认知过程。然而，Rocdigcr 和 Challis 提出各种启动存在着某种普遍性。通常，研究者是通过知觉辨认、词干补笔等任务来研究内隐记忆机制的，而 Roediger 和 Challis 将这些研究扩展到外显记忆的任务中，如自由回忆、再认等。他们给被试一个单词列表，包括目标词、形似词和概念上相关的三个词。当要求被试完成词干补笔或者自由回忆的测验时，词干补笔仅受形似字的影响，而自由回忆对于概念相关的词有不同的影响。实验结果说明先前经验的影响并不只与如何提取给予的信息有关，同时也与提取信息的性质有关。非创造力的任务和创造性任务相比，对于先前经验和任务要求的敏感性不同。

Roediger 和 Challis 的研究同时也指出，产生过程不只是简单地通过内隐或者外显的方式来提取信息，而很有可能是两者相结合的结果，因此，创造性任务下相关信息的产生也存在直接和间接两种路径。在 Smith 的设计玩具或者外星人的研究中，他们给其中的一半被试一些相关的例子，每种例子有一些共性的特征（如外星人有四条腿、尾巴、天线等），并不告诉被试这些共性。尽管这些被试在实验要求里知道不能临摹这些样例的任何一个方面，实验结果仍然显示，显示样例组所设计的作品包含样例的特征要高于不给样例组 12%，而且这个影响会持续约 23 分钟（在第二个实验里）。被试虽然被警告不能重复这些例子，但他们仍然不可避免地应用了显示的样例，这给无意识的间接影响（内诲的影响）提供了很好的证据。另外，提供样例的被试比没有例子的被试更多地模仿那些被禁止的特征，也证明了外显因素的直接影响。

2. 知识结构的影响

虽然内隐知识的影响似乎是很明确的，但是也有很多关于创造力的研究更关心已经构建好的知识结构体系，而不是近期出现的信息。毕竟知识体系规定了提取和产生信息的组织，它们对于认知过程的作用是毋庸置疑的。然而要强调的一点是，知识体系并不一定是有意识的直接提取结果。对于不同的任务要求，人们基于生成的作业语义的前后关系，可以更自动、更加无意识地提取知识。Caillics 和 Denhiere 做了一系列的实验证明了无论信息最初是如何获得的，人们是以原有的知识体系作为出发点来提取，原有的知识有助于理解和获取模糊信息。

Ward 提出了"结构想象力"理论，他认为创造性的想象会受先前存在的范畴、心理图式等知识体系的影响。在他的绘画创作实验中，他们发现关于外星人的创作如果不给其他的材料，被试的作品几乎都包括了与地球生物类似的特征，如左右对称、感觉器官、移动的方式等。有趣的是，即使让这些被试明确地列出了地球生物的特征，他们大多数也没有将左右对称列出来，这或许也提示我们创作过程包括更多无意识过程。

通过 Ward 的实验结果可以发现，由于实验指导语的限制，被试从地球生物种类中提取的信息非常有规则，比如，要求被试画外星人时，生活在和地球相似的星球上的就比生活在完全不同的星球上的外星人包含有更多的地球生物的典型特征；另外，被试倾向于在创作时运用与种类相关联的特征，如羽毛、喙和翅膀等。这些结论都强烈支持了创造性想象是以现行知识体系为基础的。

（五）创造力次级过程的选择与监控机制

1. 创造性行为特异的选择机制

Sternberg 和 Lubart 的创造力投资理论在一定程度上阐述了选择机制的重要性。他们认为这是个体的一种特殊的品质，那些对选择的信息有更好直觉的人更有可能创造出有巨大影响的新颖作品。这个理论是以经济学中"低买高卖"的原理为基础的。当人们采用未知的但极有可能形成创新性作品的某些想法时，被称为"低买"；而当这些曾经不被人关注的想法逐渐被证明是有发展前景，逐渐成为热门的"紧俏产品"时，被称为"高卖"。根据该理论，个体要有效选择有价值的信息需要六种资源：智力、知识、思维模式、人格、动机和环境。高创造性的人拥有的资源较多，并能协调一致地应用这些资源。

从认知的角度来看，他们的理论提出的策略构成了不同的认知过程。对同一任务，不同的个体可能采用完全不同的方法。当采用不同的策略时，会扩大或缩小产生综合过程的信息，或者产生不同类型的信息，因而从中选择保留或者放弃的信息也会发生相应的变化。这种差异不仅存在于个体之间，即使是同一个体也会随着时间发生变化。可以发现大多数有创造力的人也会不时地缺乏创造力，而普通人也会偶尔产生创造性的灵感，因此，创造性的行为是变化的，是从可利用的信息中经过特殊的选择得来的。投资理论说明了信息的选择过程对创造力至关重要，同时也提出了先前的知识或经验也是信息选择的基础。

2. 信息的监控和选择

创造力的信息监控是指能有效对想法或者作品进行新颖性的监控。一般来讲，它包括关于信息原型的重构，因此，当一个人有新的想法时，如果他及时记起这个想法是另一个人早先的观点，那么这个"新"想法就根本不再有独特性了。Johnson 提出了一个比较完整的信息监控模型，依照这个模型，上下文编码的定性特征在性质上是不同的，它同时包括了知觉细节、信息的空间和时间特性、感情的信息及编码的细节和过程。这些定性的信息可以充分地"诊断"信息的来源或者原型，因此，它可以确定这些想法的中间产物或者最后的作品是否具有真正的创新性。

在综合阶段产生的信息来源经过监控如果被确认是来自外部已有的信息，即不是自己真正的原创作品，那么，经过选择过程就不会在最后的作品中出现。但是，到目前为止，人们仍然不清楚监控过程是怎样在创造性活动中发挥作用的。信息的监控也不完全是精确的，无意识的或者潜在的记忆似乎可以解释为信息监控的失误。

第四节　创造力的培养

一、对创造力培养的认识

（一）人人具有创造能力

创造力与智力不同，智力是一种认知能力，它是由观察力、记忆力、思维能力等因素构成的，而创造力是一种创新能力，它是产生新颖而有价值产物的能力。按照创造产物或创造成果的新颖性和价值大小，科学家把创造力区分为三种水平，即社会水平创造力、群体水平创造力和个人水平创造力。

社会水平创造力是指产生历史上前所未有的、具有巨大社会价值成果的能力。科学家发现新规律、工程技术人员发明新机器、艺术家创作出新作品等，都是社会水平创造能力的一种表现。

群体水平创造力是指成果的新颖性对一个群体来说是前所未有的和具有社会价值的。个人水平的创造力，是相对于个人而言属于前所未有的，而且也有一定的社会价值。

人们在日常生活、工作和学习中的一些新颖做法，如讨论问题时发表的新见解，作文中的新颖立意、独特构思，解题过程中使用的新方法，以及小发明、小论文、小制作等，均可从群体的角度对其创造力水平进行评价。这种个体水平、群体水平的创造力是每个人都具有的，而且它又是发展高水平创造力的基础。

（二）发散思维能力是构成创造力的重要成分

尽管人们对创造力及其因素的构成问题目前尚没有一个统一的看法，但确有一个共识，即发散思维能力是构成创造力的重要成分。研究者之所以把发散思维能力作为创造力的重要成分，是因为发散思维在解决创造性问题中扮演了重要的角色。人们在解决创造性问题时，虽然具有解决一般问题的过程，如提出问题、明确问题、提出假设和验证假设，但它又不同于一般性问题的解决。因为解决一般性问题，只依赖于现有的知识就够了，比如，解一道算术习题，只用学过的数学公式就行了；写一篇作文，参照教师提供的范文就行了。但解决创造性问题却与此不同，要在现有材料的基础上，进行创造性构思，其中提出创造性假设是关键的一环，而在这个过程中，发散思维能力起到重要的作用。

发散思维，也称分散思维、求异思维和辐射性思维，它同聚合思维不同。如果说聚合思维是指通过对信息的加工，从已有信息中产生唯一的逻辑正确的信息，那么发散思维则是指通过对信息加工，从已有信息中产生多样的信息。例如，解答"5+4=？"的问题需要聚合思维，而完成"（）+（）=9"的问题则需要发散思维。解答第一题的思维方向是聚合的，因为等于9是思维所能产生的唯一信息；而解答第二题的思维方向是发散的，因为1+8、2+7、3+6……均是思维所产生的结果，从而产生多样的信息。发散思维所产生信息的多样性，正是人在进行创造性活动时所需要的。试想，当司马光面对伙伴掉入水缸时，如果他只想到通常救人的方法，是无法救出小伙伴的。科学家发现新规律，也需要提出符合要求的多种方案，进行多次尝试，才能获得成功。因此，发散思维能力是解决创造性问题所需要的一种能力，是构成一个人创造力的重要成分。从这个意义上说，创造力是以发散思维能力为核心的产生新颖而有价值成果的能力。

发散思维能力最容易接受环境、教育的影响。在漫长的历史里，人们对各个领域里出现的天才人物，常抱有一种神秘感，把他们的伟大创造视为神灵的启示，提倡"神授说"。在心理发展的最初阶段，弗朗西斯·高尔顿采用谱系法研究天才人物的遗传问题，认为历史上的天才人物都是由遗传决定的，提倡"遗传说"。但是随着心理学研究的不断深入，人们逐渐认识到，具有高水平创造力的天才人物，他们能力的发展同正常人一样，既受遗传因素的影响，也受环境教育因素的影响，是两者相互作用的产物，特别是能力遗传决定系数。遗传决定系数是指在影响能力发展的诸因素中，遗传影响所占的比重。遗传决定系数用 H^2 来表示，环境决定系数用 E^2 来表示。这里所说的环境，是广义的、除遗传因素以外的影响能力发展的全部因素，它包括个体出生前的胎儿环境，也包括出生后的家庭环境、学校教育、社会历史条件等。两系数之和等于 1，即 $H^2+E^2=1$，如果说某种能力的遗传决定系数为0.3，就表示遗传因素占影响该能力发展的全部因素的30%，也就意味着此种能力的发展70%是由环境因素决定的。通过最新的研究资料可以发现，同各种能力的研究相比较，作为创造力构成成分的发散思维能力受遗传因素的影响最小。1972 年，南锡等人总结了 211 项研究成果，计算了各种能力的遗传决定系数和环境决定系数。

不同能力的遗传决定系数是不同的，但从总体上来说，遗传因素在能力发展中只占30%~40%的分量，起决定性作用的还是环境教育因素，其中发散思维的遗传决定系数为0.22，是最小的一个。可见，发散思维能力受环境、教育因素影响的程度，远比其他能力大，它的发展更容易受环境教育因素的影响。

（三）创造性个性是影响创造力发挥和发展的因素

在平时，人的创造力以潜在的形式存在着，当个体进行某种创造活动时，其创造力便以创造行为表露于外，创造性个性影响创造力的发挥与发展，因此，在对个体进行创造力培养时，不仅要培养他们的创造性思维，还要培养他们的创造性个性。只有具有高水平创造力的人，才能称为高创型人才。心理学家通过对高创型人才的研究，发现了许多创造性个性。1980 年，美国心理学家戴维斯总结前人的研究成果，在第 22 届国际心理学会议上指出，具有创造力的人独立性强、自信心强、敢于冒风险、具有好奇心、有理想抱负、不轻信他人意见、对复杂奇怪的事情会很感兴趣，而且有创造性的人一般都具有艺术上的审美观和幽默感，他们的兴趣爱好既广泛又专一。1988年，钱曼君等以青少年创造发明获奖者为对象的研究表明，创造型青少年具有共同的个性特点，如好奇心、独立性、恒心、适应性、自信心、精力旺盛等。

1. 天才人物早期特征理论

美国心理学家柯克思在谈到天才人物的基本特征时，曾认为他所研究的一切天才，在幼儿时期几乎都有明显的特征，而"障碍促成奋斗力"最为显著，也有的研究者注意到，凡是在历史上表现出杰出创造力、对人类做出巨大贡献的伟大人物，他们的成长都不是一帆风顺的，如《史记》作者司马迁和他在《太史公自序》里列举的中国古代障碍促成奋斗的人物。天才人物在进行创造活动中所遇到的障碍，不仅来自社会习惯势力，也来自创造活动本身。由于科学研究有时要经过成百上千次的实验才能成功，文学作品要经过多次修改才能在结构和文字上达到完美，进行社会改革需要更长的时间，甚至付出流血的代价，因此，"设置障碍"可以激励奋斗，有利于进行创造力培养。

2. 创造过程理论和"灵感"理论

约瑟夫·沃拉斯于1926年提出的"阶段说"，认为创造过程包括四个阶段：准备、沉思、启迪和求证。后来，许多学者都接受了他的观点，并做出某种修改和补充，如雷维兹等把创造过程概括为：准备期、酝酿期、灵感期和完善期。有研究指出，人们解决创造性问题的"一刹那"，被称作"灵感"和"顿悟"，而这一状态的出现，既不是神灵的启示，也不是天才人物头脑固有的，而是与创造动机和解决问题的方法寻觅联系着的，是在创造性个性的影响下，经过思维的不断发散，变换思维方向，产生新颖独特产物的结果。因此，要引导教育对象捕捉灵感、体验灵感。

二、创造力培养实验

（一）无限制的自由讨论法

奥斯本在 1939 年发明了用无限制讨论法开发青年人的创造力。一群人聚集在一起开会，提出新思想，要求与会者遵循四个原则：① 废止批评；② 畅所欲言，欢迎随心所欲；③ 越多越好，想法越多产生新颖独特产物的可能性就越大；④ 相互补充，参加者应对小组其他人的想法，尽可能提出改进的建议。奥斯本认为参加者的理想人数是 5～10 人。讨论活动由小组主持人来解释应遵循的原则，并按原则去主持讨论。

奥斯本的"无限制的自由讨论"都是围绕实际问题展开的，比如，他在无限制的自由讨论会上，为一个询问家用器具的顾客提出了 45 条建议，为一次筹款运动想了 56 种办法，为如何卖掉更多的毛毯提出了 124 条意见，等等。他认为，创造力绝不仅是一门科学，而是一门实用的、可教可学的艺术，它的大部分将永远保持在不可思议的神秘之中。奥斯本将自己的研究成果写成《实用想象学》一书，于 1953 年首次发行。他用这本书帮助人们去理解自身内在的创造力，并把自身内在的创造力应用到个人的与职业相关的所有方面中去。书中列举了束缚创造力的一些因素，如从前的习惯、自暴自弃、胆怯、生活都市化（因为除了从事艺术工作及处在商业和科学创造阶段的少数人是个例外，都市生活容易消除想象力）等，并运用"四项原则"组织讨论，对消除束缚创造力消极因素的影响、培养创造性思维和创造性个性产生了积极的作用，取得了一定的实验成效。

（二）训练发散思维

与奥斯本的见解不同，心理学家吉尔福特把创造力的概念纳入到科学研究领域之中，以训练发散思维来培养青年人的创造力。1950 年，他在就任美国心理学会主席时以创造力为题发表演说。1959 年，他提出了由操作、内容和结果三个维度构成的智力结构模型，把发散思维作为操作维度中的一个范畴，与内容维度中的四种范畴和结果维度中的六种范畴自由结合，构成了 24 种发散思维能力，采用因素分析的方法，来检验预计的或假定的24 种能力的存在。经过长期的研究，他所假定的能力几乎全部得到证实。1981 年后，他又采用了斜交旋转的因素分析方法，发现了在 24 种发散思维能力之上，存在着更为概括的二级因素和三级因素。这里的二级因素是指比一级因素更概括的、具有两个共同范畴的因素，如视觉发散思维能力、语义发散思维能力、符号发散思维能力、行为发散思维能力等，它们分别是四种内容范畴的六种结果的发散思维能力的共同因素。这里的三级因素是指比二级因素更概括的具有一个共同范畴的因素，上面列举的 4 个二级因素中，就含有一个发散思维能力因素。这样，24 种能力就不再相互独立，而是由 1 个三级因素、4 个二级因素和 24 个一级因素所构成的层次结构。

吉尔福特认为，训练人的发散思维能力是培养创造力的一种方法，并在1986 年出版的《创造性才能：它的性质、用途与培养》一书中介绍了这方面的情况。把这一理论最早用于实际的是在学校工作的心理学家玛丽·米克，她在加利福尼亚州的埃尔赛贡多建立了智力结构研究所，编制了许多旨在提高学生能力的练习。后来，西德尼·帕斯及其助手进行了一项与提高成人创造力相关的研究，他们以纽约州立大学布法罗分校的大学生为研究对象，开设了 4 个学期的创造性研究的课程，结果学生的能力显著提升。

（三）开发右脑

在很长一个时期内，人们认为大脑的右半球只管理左侧身体，缺乏高级功能，因此，称左半球为"优势半球"，右半球为"劣势半球"。20 世纪 60年代，美国心理生理学家罗杰·斯佩里通过研究发现，右半球具有许多高级功能，如形象的学习与记忆、图形识别、空间感觉、想象能力及对音乐、艺术的鉴赏能力。他认为，人类大脑有两个半球，由 2 亿条神经纤维所构成的腕肌体而把它们联系起来，并发生机能上的相互作用。他在进行裂脑人研究中发现，切断胁服体可控制顽固癫痫发作。这个理论与医疗实践不仅有助于控制顽固性癫痫，而且为心理学研究大脑两半球的功能创造了条件。他在后来的研究中证明广大脑半球机能是不对称的，即两半球以不均等的程度提供特殊机能：右半球综合空间，左半球分析时间；右半球注意视觉的相似而排斥概念的相近，左半球则与此相反；右半球能知觉形态，左半球能知觉细节；右半球将感觉输入成表象，左半球缺乏完型综合器。

人脑的左半球是理性半球，右半球是感性半球，根据左右脑不对称的理论，有人列举了歌德、爱因斯坦、钱学森等古今中外的奇才，认为他们都是善于左右脑并用才成为富于创造性的人，因而主张开发右脑，促进左右脑两种思维的协调发展，培养个体的创造力。

罗杰·斯佩里因提出左右脑分工理论，于 1981 年获得了诺贝尔生理学或医学奖。可以将他的理论理解为：左脑是知识的脑，主要通过分析思维、集中思维来进行智力开发；右脑是创造的脑，主要通过想象力、直觉思维和扩散思维来进行创造力开发，并以此来进行创造力开发实践。根据这一理论，本书提出以下四条有助于培养创造力的意见。

（1）尽可能同时使用两手，特别是要打破偏见，启用左手，从而达到锻炼右脑的目的。

有的神经学研究者认为："迄今为止的人类，只是使用人脑的一半进行活动，如果同时使用和发挥两个半球的作用，那将能完成惊人的工作。"

（2）积极参加体育锻炼，保持健康的体魄。

在古希腊的埃拉多斯山岩上，镌刻着三句话："如果你想强壮，跑步吧！如果你想健美，跑步吧！如果你想聪明，跑步吧！"可见，在 2 500 多年前，古希腊人就已经懂得了体育锻炼对身体健康、对智力发展的巨大作用。

（3）根据营养学的要求，合理安排膳食，使大脑得到充分的营养。

日本著名的发明大王中松义郎认为，要使自己的思维敏捷、思路活跃，必须注意饮食，吃些营养丰富的食物。

（4）"脑子越用越灵"，这是有科学根据的。

最近的研究表明，将大脑神经细胞连接起来的突触，特别是棘突触与记忆作用有关。棘突触的数量与学习成正比，不断地进行学习，棘突触就会增加，学习能力就会相应地提高；放松学习或停止学习，棘突触就会减少，学习的能力就会相应降低。另外，在饮食中多摄取含卵磷脂的食品，血液中的胆碱量就会增大，棘突触的功能就能自然活化，记忆力也就会大大提高。

第八章　高校创新型人才培养的任务

第一节　营造良好的文化环境

一、加强文化与科技创新的互动

文化是科技进步的母体，是经济社会发展的先声，文化与科技创新的互动作为近代文明演进的主旋律，在当代经济和社会中扮演着越来越重要的角色。历史经验表明，文化影响着科技的生成、发展与传播，影响着创新的进程和结果。

先进生产力的出现不以人的意志为转移，它往往在最适宜的文化环境里实现突破。一个社会的文化氛围不仅影响着科技知识和成果的出现，更会影响到科学知识的传播及科技成果向现实的转化。工业化的历程告诉我们：越是创新活跃的地方，就越容易形成产业革命的广阔舞台，越容易形成创新集群及各类资源汇聚的经济中心，一旦丧失创新活力，就面临着在竞争中出局的危险。自18世纪以来，世界的科学中心和工业重心从英国转移到德国，再到美国，表面上是地理位置的更替，实质上是创新能力强弱转换的结果，其中无不包含着深厚文化的根由。

英国是第一个借助工业革命崛起的国家，17—18世纪，那里有较为宽松的宗教背景；有培根、莎士比亚等人推波助澜的人文主义思潮，为牛顿、胡克、波义耳等科学家进行自由的科学探索提供了优越环境；有扩大的海上贸易，使先进的市场意识、商贸手段各行其道，为纺织机、蒸汽机等技术的发明和产业化创造了有利条件；有竞相辈出的科学大师与企业家，造就了英国当时的世界科学中心和产业贸易中心地位。但在此后，由于绝大多数科学探索活动封闭在皇家学会的小团体里，学术与生产相对脱节，导致英国的科学及工业技术逐渐丧失了早期的领先优势。

德国的科学发展得益于马丁·路德的宗教改革和横扫欧洲的启蒙运动及康德、黑格尔等思想家对科学方法的总结和传播，也得益于歌德、席勒等人领导的浪漫主义运动。在 19 世纪，德国科学家将大学教育与专业研究室结合起来，为学院文化注入了创新要素，大批青年人开始有机会直接参与科学前沿的探索活动。这一模式催生了现代大学和研究开发机构，开辟了优化小环境、培养创新人才的先河，也培养了一大批人才使其成为德国崛起的重要力量，使德国实现了钢铁生产技术和生产体制的变革，促进了钢铁工业的发展；在有机化学和煤化学研究方面实现了超越，发展了合成化学工业，使之成为重要的出口工业。1875 年前后世界科技中心开始转移，到 1895 年前后，德国的经济总量超过了英国。但是科学的繁荣不代表强大，后来德国的科学也饱受人种优异论等极端主义的摧残，两次世界大战彻底改变了德国的命运和德国人的心态。

美国科技和经济的发展也是文化与创新互动的结果。美国是个移民国家，开放性、包容性的移民文化为各种文化观念的碰撞创造了条件。在竞争、迁徙中形成的实用主义思想观念，导致了人们更加重视策略，看重效果的行为模式，因此，以市场机制促进科技成果产业化，探索管理机制创新，都能在美国得到鼓励。20 世纪初，许多并不是发生在美国的技术发明，却在美国以最快的速度实现了产业化，例如：内燃机和电力的普及带动了美国经济的迅速发展；美国较早实现了规模化生产和科学管理，其高生产率和低价商品成了国家经济崛起的有力武器；美国企业较早地将研究开发机构纳入企业，并成为企业的核心部门，解决了科研和生产的对接问题；

美国的"大科学"和开放式研究机构的形成，使科技与经济、政治、社会及价值观的变化更密切地联系在一起。在美国，不管风险投资源于何处，都可以得到最快的发展，并成功地实现了金融、投资和科技成果、人才的有效结合。

这些追赶、超越先进的后起国家都存在着一个共同特点：都是以科技进步为经济发展的动力。但这里也出现了"李约瑟式"的问题：为什么新的工业革命不是发生在初始科技和经济领先的国家，而是在别的国度？还有人追问：同样是资本主义制度，为什么科技创新会有不同的结果？对此，很多学者的研究结论都直指文化环境这一潜在的、深层次的因素，认为现成的及正在形成的文化，可以从观念、制度、方法、习性、价值等多个层面影响科学技术的发展，这种影响可能是积极的、正面的，也可能是消极的、起阻碍作用的。所以，一个社会越是希望科学技术健康发展，越是希望新的科技革命、产业革命走向成功，就越应该关注如何营造良好的、有利于创新的文化环境。

二、再造中国的创新文化

科技在中国的命运，是对创新与文化互动的一个最好的诠释。文化的繁荣与起伏深刻地影响着科技的发展，在人类文明的进程中，中国文化的繁荣与起伏对世界文明产生了重要而深刻的影响，一些重大的发现和发明影响了人类文明的进程，先哲们在认识自然现象中归纳整理出来的整体视角、辩证思维、因地制宜等认识方法，不仅为天文学、医学、农学、工学等方面的发展提供了思想和方法基础，而且表现出令人叹为观止的后现代性。从先秦诸子的天人之辩，到汉代董仲舒的"天人合一"，再到宋明理学家的"万物一体"论，整体、和谐、统一的思维方式贯穿于古代思想历史的全过程，传承数千年的中医学，正是得益于这一精深文化的滋养。当代科学已到了一个分水岭，融合可以开创一个新的复兴。这个复兴基于科学技术的整体观，意味着传统文化中某些思维方式和价值取向可能会重新焕发生命力。

　　不可否认，长期的封建帝制禁锢了人们的思想，历代王朝对新兴产业和科技成果的出现也往往视而不见；传统文化中讲求中庸、偏重实用的思维习性，与近代科学执着于理性和实证探讨，实现大众理想、人格自律的模式有着不一样的思想传统；明代以后，执政者推行闭关锁国政策，关闭了国人与世界交往的大门，使我国与世界科技发展和工业革命失之交臂。正是因为在新科技知识和工业革命面前闭塞耳目、鲜有作为，造成了中国在工业文明发展中长期处于落后的局面，也饱尝了诸多苦果，历史的教训令人刻骨铭心。

　　目前，越来越多的人已经预见到在未来 30～50 年的时间里，世界科学技术会出现重大原始性创新突破。信息科学和生命科学将是发展最迅速、影响最广泛的科学领域；信息技术、生物技术、空间技术、新材料技术、先进制造技术、洁净高效能源、环境技术等将不断取得新的突破；人类将继续拓展对宇宙空间、海洋和地球深部的研究探索，将更加注重人、自然和社会的协调发展；对物质世界本质的不懈探索和对数与形及其逻辑推演规律的研究，仍将是科学界最感兴趣的基本问题。未来的科学技术很可能在信息科学、生命科学、物质科学、脑与认知科学、地球与环境科学、数学与系统科学乃至社会科学之间的交叉领域形成新的科学前沿，产生新的突破。现代科学和技术所引发的重大原始性创新导致的生产力根本变革，也必将导致全球生产关系的全面调整和利益格局的重新分配。这种高速的变革，使得先进的国家不可能在所有的领域都能占据绝对的支配地位，后起的国家在某些领域还有可能具备不可替代的独特优势，并产生突破。抓住这样的历史机遇，对于中华民族的伟大复兴具有十分重要的现实意义。

　　历史告诉我们，任何一个技术创新活跃的时代，无一例外都是伴随着人文创新的导引。是有了先秦诸子百家的学术争鸣，才有了两汉农业文明的成熟；有了魏晋时代的思想解放，才有了唐宋经济的繁荣；有了宋明理学和人性学说的矛盾冲撞，才有了康乾盛世的歌舞升平。今天，突破相对僵化和保守的传统文化，重构有利于创新的文化氛围，再造中国创新文化的辉煌，对于中国科学技术的健康发展、中国经济社会的持续繁荣、中华文明的传承与弘扬，具有十分重要的意义。那么，如何再造中国创新文化？可以从以下四个方面着手。

（一）树立"以人为本"的科学理念

与一般生产性活动最大的不同之处在于，创造性活动及创造性成果的出现，更多地体现为人们思想火花的迸发，这与文学、艺术等领域是相通的。尖子人才在创新活动中具有不可替代的作用，往往几个尖子人才的水平就能决定一个研究集体在国际竞争中的位置；重大科技项目的成功，关键也在于尖子人才的选拔和使用。在当今时代的创新活动中，人才的创造性意义和决定性作用更加突出。人们经常谈到硅谷的创新，谈到美国雄厚的科技实力和综合国力，其实支撑美国硅谷乃至美国经济社会发展的动力，很大程度上是来自世界各国的无数尖子人才。据了解，全世界科技移民的 40% 被吸引到美国，在全美从事科学和工程项目工作的人员中有 72% 出生在发展中国家，在硅谷地区供职的中国科技人才就超过 25 万人。

分析我国人才流失的原因，不能否认的是自身在管理理念上的落后。一位华裔科学家在谈到中国的基础研究问题时曾深有感触地说道：国内有些研究单位十分重视研究设备的拥有和配置，他们津津乐道的往往是实验设备和仪器，好像这些才是研究所的实力和水平，他们重视的不是人才，而是设备，他们是重物轻人。没有人才，再先进的设备也产生不出优秀的成果。美国微软公司 1.6 万人，固定资产也就是计算机、服务器及一些房产，加起来不过几亿美元，但市值已高达数千亿美元，其核心就是拥有一批软件行业的顶尖人才。因此，坚持"以人为本"的创新理念，就要认真领会"人才资源是第一资源"的深刻含义，转变"见物不见人"的观念，把发现人才、培养人才、吸引人才和稳定人才的工作做好，让人才的创造性得到最大程度的激发。

（二）造就开放的科学环境

现代科学越来越趋向于复杂和综合，许多重大科学成就的取得，往往都是来自交叉和边缘学科；同时，科学与技术的互动、自然科学与社会科学的相互渗透、国家之间的科技交流与合作，都已成为当今科技发展的重要特征。因此，以合作与竞争互动为特征的科学家群体，已经成为当今科学研究的主导性力量。美国桑塔费研究所从事复杂科学研究的团队，不仅包括著名的物理学家、数学家、生物学家和计算机专家，还包括一些经济学家、哲学家和文学家，这体现了科学家集体的创造效应；麻省理工学院的多媒体实验室，从事多媒体的研究人员来自各行各业，汇聚了哲学、心理学、宗教、儿童、艺术、生物和物理学方面的专家。这种大跨度、多学科的撞击，必定会产生创新的火花。在我国，研究队伍中门户主义、小团体主义和行会思想时有滋长，与国外学术活动非常频繁的情况相比，学术闭塞现象相当严重，部门与部门之间、研究所与大学之间、研究室与研究室之间、研究室内部不同科学研究人员之间、课题组与课题组之间的学术交流不多，跨领域、跨学科的交流更少。在当今大科学研究、交叉学科研究已成主导的情形下，在科学研究国际化的趋势下，造就开放的科学环境应当是我国再造创新文化的重要内容。

（三）倡导追求真理、宽容失败的科学思想

对真理的执着追求是决定原始性创新取得成功的精神条件，而怀疑和批判则是一切创新活动的基本出发点。科技事业的真谛在于追求真理，今天的科学春天是布鲁诺、居里夫人、爱因斯坦等无数科学家始终如一、执着追求、无私奉献迎来的。不断开放的环境、不断更新的知识，要求我们永远保持一个"在真理面前人人平等"的社会文化氛围，这也是我国科研活动面临的现实问题。一个平等参与、公平竞争的文化环境，对于我国的科技发展极为重要。由于知识更新加快，新一代人才从小学到大学再到研究生，他们的知识

结构已经更新了几个轮回。在这种条件下，人们对在小生产条件下形成的对权威的崇拜会进一步弱化。

过去那种做事、评价和决策最终取决于权威的习惯性做法，应当让位于科学、民主的方式和机制。我们的科学界受传统文化中"以和为贵"的中庸思想的影响，缺乏应有的批判精神；我们的学者面对同行、导师、学术前辈和学术权威，碍于情面，少有科学批判或学术批判的意识；我们的科研评价缺乏应有的科学态度，科研项目的认定几乎无一失败，制造了许多"国际先进""国内领先"。这既不符合科学探索的规律，又不符合科学研究的实际。创新是一个追求真理的过程，创新活动不可能100%地成功，也从来就没有绝对的失败。所以，我们应该尊重科学和科学探索的规律，创造一个"在真理面前人人平等"的文化氛围，既不以权威压制人、不以名望排挤人、不以资历轻视人，又要鼓励学术争鸣、保护不同意见、宽容研究失败，不能求全责备，要鼓励年轻人大胆探索，坦然面对失败。

（四）关心、支持创新失败的人才

一切事物都是作为过程出现的，创新实践尤其是这样，要经过创新、失败、再创新、再失败、再创新……才到达成功。科研成功率平均不到10%，而失败却在90%以上。怎样看待创新失败人才，是检验一个领导者卓识与无知、成熟与幼稚、宽厚与势利、正确与错误政绩观的试金石。要积极建立鼓励创新，允许失败，爱护、支持创新失败人才的机制，为创新失败人才营造宽容、理解的心理氛围。

创新失败后，要及时解除他们的精神压力，帮助总结经验教训，鼓励继续研究，并予以足够的经费和条件保证。失败的人才也要"善败不乱"，吸取经验教训，鼓足勇气，转败为胜。要提高对创新失败的认识，看到失败者的功劳。

失败既是一笔精神财富，是照亮走向成功的智慧石，也是特殊形态的成果，为成功提供了物质基础和条件。只奖励成功者、不接受失败者是不公平的。

创新失败的人才，他们在创新过程中也付出了巨大的有形、无形资本，我们应该给予跋涉在崎岖创新路上的勇士以鼓励和支持。这样做的效果会使众多的创新失败人才不因害怕失败而踌躇不前、半途而废，会出现自主创新的持续热潮。

第二节　造就科学高效的创新型人才队伍

遵循社会主义市场经济规律和人才发展规律，健全人才管理体制，是造就科学高效的创新型人才队伍的根本保证。推进现代大学制度建设，完善学校内部治理结构。建设一流师资队伍，用新理论、新知识、新技术更新教学内容。完善高等教育质量保障体系，推进高等教育分类管理和高等学校综合改革，优化学科专业布局，改革人才培养机制，实行学术人才和应用人才分类、通识教育和专业教育相结合的培养制度，强化实践教学，着力培养学生的创意、创新、创业、能力。

深入实施中西部高等教育振兴计划，扩大重点高校在中西部和农村地区的招生规模。全面提高高校创新能力，统筹推进世界一流大学和一流学科建设。

提高人才队伍整体素质是培养造就大批创新型高层次人才的关键。目前，我国人才队伍素质与经济社会的快速发展很不适应，人力资源中人才资源仅占 5.7%，人才资源中高级人才仅占 6.5%，高级人才中创新型人才、国际化人才十分匮乏，与转变增长方式的要求差距甚大。

要解决这一问题，首先要优化人才结构，合理配置人才资源。我国人才资源的结构、配置不合理，一方面表现在人才总量跟不上经济社会的快速发展；另一方面有许多行业产业人才闲置，相对过剩。科学的人才结构与经济结构应该是紧密的统一体，既各自相对独立，又相互制约、相辅相成。人才结构与经济结构的互动，事得其人，人适其事，既保障经济的发展，又促进人才队伍的建设。

国务院颁布的促进产业结构调整的规定，提出产业结构调整的八项重点，要求随着产业结构的调整而调整人才结构，优化人才资源配置。要优先保证"鼓励发展类"行业产业人才的量与质，限制"限制发展类"行业产业的人才配给，消减"淘汰类"行业产业的人才，有计划地向"鼓励类"调配，优化人才队伍结构。

其次要把引进人才的事情做好。当前在引进人才、智力和技术方面存在的弊病突出表现在：眼光短浅，看不透"拿来主义"的重要性，对引进缩手缩脚；不良政绩观作祟，盲目引进，装点门面；引来人才使用不好，留不住人才，引进技术消化不良，缺乏吸收创新。

尊重劳动、尊重知识、尊重人才和尊重创造是党和国家的一项长期方针。调整高校的人才培养方案是造就科学高效的创新型人才队伍的重要内容。这些年来，我国高等教育重视规模扩张、学校升格，却忽视从社会需求出发培养人才，直接导致面对劳动力市场快速变化的需求反应不够敏捷。

营造人才创新的社会环境，首先要保障创新人才的自主权。科学发现、技术发明和自主创新与一般的生产活动不同，它的主体是发明家、科技人才，若主体失去了自主权，则无法创新。因此，为创新主体的主体意识火花竞相迸发营造良好氛围，对创新人才进行自主选题、自主探讨、力主研究和培育原始创新成果至关重要。

其次要促进学术的开放交流，使科学与技术互相促进，自然科学与社会科学互相渗透，地区与国际之间交流合作；建立保障创新领先者权益的政策环境，倡导追求真理、勇于创新、不怕失败的科学精神；营造宽松、和谐、生动活泼的人文环境，使创新人才在自由的学术氛围中获得一个良好的精神生活；建立与创新劳动、贡献相适应的收入分配机制和激励保障机制，为创新人才提供良好的工作条件和物质生活环境。

第三节　实施青年科技创新行动

在经济全球化和知识经济时代，人才已经成为最重要、最宝贵的战略资源。拥有的人才数量越多、素质越高，人才作用发挥越充分，就越能在激烈国际的竞争中处于有利位置。

（1）近年来世界各国纷纷出台各种人才战略，加紧招揽人才的步伐。

美国提出"培养 21 世纪美国人"，放宽对高科技人才入境的签证；日本提出强化人才培训，提出独创性基础研究的新措施；欧盟提出"将知识化放在最优先地位"。对人才尤其是科技创新人才的争夺，已经发展成为一场没有硝烟的世界大战。

我国是人口大国，拥有丰富的人力资源。但是，目前我国的人力资源能力建设与社会经济发展要求还不相适应，人力资源的潜在优势转变为现实的人才优势的任务还很艰巨，在全球激烈的人才竞争中，与发达国家相比，我们还处于劣势。如何把丰富的人力资源优势转变为现实发展的优势，为改革开放和现代化建设提供有效的人才保障，是当前和今后很长一段时期所必须解决的重要战略问题。

青年是国家的未来，青年人富于理想，充满热情，满怀抱负，有志于在伟大的创新实践中建功立业。他们接受新事物能力强，能快速掌握和运用新知识与新技能，在科技创新等方面表现出明显的优势，在人力资源开发中的优先地位应该得到重视。培养青年科技创新人才，是面向未来、建设创新型国家、实现国家战略的一项非常重要内容。

（2）开发青年人力资源的过程是一个提高人的素质、挖掘人的潜力的过程。

实施青年科技创新行动，要从强化青年创新实践、培养创新精神、提高创新能力和营造创新氛围入手，全面提高青年的素质，推动青年人力资源转化为青年人才资源；要遵循人才成长规律，最大限度地开发他们蕴藏的巨大潜能，最大限度地调动他们的积极性，发挥他们的创造力，使广大青年为建设创新型社会做出新的贡献。

（3）青年是人生成长成才的关键时期，是创新意识培养和创新能力形成的重要阶段。

实施青年科技创新行动，团结凝聚高层次的青年科技人才，为他们施展才华搭建舞台，需要做好以下四个方面的工作：一是建设有利于人才成长的教育培养体系，为青年创新人才成长打好基础；二是通过促进青年科研人员与产业相结合，为推动科技进步和经济发展做出贡献；三是以开展广泛的群众性青年科技创新活动，营造良好的创新氛围，来增强青年人的创新意识和创新能力；四是建立青年科技创新行动项目化、社会化的运行机制，将科学研究与成果转化相结合。

（4）积极鼓励广大青年在实践中大胆发明创造，从而推动科技创新事业的发展。

设立青年科技创新创业等奖项，激励青年在基础科技领域大胆创新，鼓励技术创新和科技成果的转化应用；定期举办青年科技论坛，使之成为孕育、传播新的科学知识的重要阵地；利用当前应用类科研院所转轨改制和经济结构调整的大好机遇，鼓励广大青年科技人员不断地开发具有自主知识产权和市场竞争能力的产品或服务，为推动国民经济持续、快速和健康发展发挥更大的作用，为青年科技人才开发拥有自主知识产权的产品提供服务。

在企业，以"创新创效"为主题，以青年科技人员为主体，以市场为导向，以产品、工艺和技术创新为基本内容，组织广大企业青年积极参加技术创新活动。以青年岗位能手活动为载体，广泛开展群众性技术创新活动。

在农村，以提高农村青年科技文化素质为重点，开展培养星火带头人活动。鼓励青年大力领办科技推广项目，创办科技示范基地（园），形成项目、基地与服务组织相结合的农村青年科技服务体系。

在大中学校，培养学生的创新意识和实践能力，实施大中学生素质发展计划。开展大学生主题设计竞赛，扩大参与面，推动课外学术科技活动氛围的形成，帮助青年学生提高创新能力。开展科技知识的学习传播活动，在全社会营造科技创新的良好氛围。

通过建立读书俱乐部和青年读书沙龙，编写科技丛书，举办科技节，建立科技广场及科技教育、示范基地等，使科技走近青年，提高他们的科技知识素养，增强广大青年乃至全社会的科技创新意识。

（5）引导广大青年学习现代科学理论，明确技术创新和企业经营的努力方向和价值取向。

充分发挥现代传媒作用，运用电脑网络和新闻媒介，广泛介绍国际国内科技经济的发展现状，介绍科技成果在经济领域和现实生活中的应用，展望现代科技的发展趋势及其对人类社会生活的影响。

通过多层次的科技学习和传播行动，推动全社会对科技创新工作的关注和支持，形成学科技、用科技、推动科技发展的良好局面。

发挥组织优势，促进科技成果的推广和应用。利用共青团、青联、科协等组织，团结、凝聚青年人才，为青年科技工作者提供咨询、论证等多种形式的服务，形成联系青年科技工作和企业的纽带。

建立青年科技创新行动网页，形成汇集科研项目、成果和科技人才的信息，促进全社会创新资源的优化配置。

通过科技成果转化、应用的中介服务组织及网络，提供市场信息分析、市场预测、风险评估等服务，营造有形的技术成果交易市场。

组织青年科技成果博览会、技术交流会和信息发布会，促进科技成果的推广和应用，加快科技成果的商品化、产业化进程。

积极推动科技和经济结合，鼓励引导青年科技工作者创办企业或以多形式与企业合作，走产学研结合的道路。

实行项目和人才的对接机制，帮助青年企业经营管理者和青年科研人员选择具有市场开发前景的科研项目进行孵化催生，促使科研成果转化应用。

组织青年科技工作者以招标和引荐方式，为企业的技术攻关和地方经济发展提供服务。

建立激励机制，争取社会资源，设立"青年科技创新奖"和"青年科技创业奖"专项奖励资金，对在科技发明、科技成果转化等方面取得显著成绩的青年科技工作者进行奖励，对青年科技创新组织的突出成绩予以表彰。

加强阵地建设，在科技馆、博物馆、科研院所、大专院校及高新技术集中企业，命名一批青年科技创新行动教育（示范）基地，面向青少年开展科技创新教育，为科技教育工作研究提供服务，为青年的创新实践服务，为推动科技产业化、促进科技与经济的结合发挥示范带动作用。

争取政策支持，在条件成熟时建立青年科技工业园区。设立青年科技论坛，对经济建设和社会发展相关的问题进行研讨，为青年科技创新人才的脱颖而出搭建舞台。

第九章　高等学校创新型人才培养模式探索

第一节　高校创新型人才培养模式的基本内涵和要素分析

一、创新型人才培养的基本内涵

20 世纪中叶，美国人舒尔茨提出了人力资本理论，指出人力资源在社会经济增长中与自然资源和货币资本具有同等重要的作用。随着知识经济时代特征的不断显现，人们认为人力资源的数量和质量，特别是质量是促进人类社会可持续发展的根本动力。人到底应当具备怎样的质量内涵和特征，成为人们关注整个知识经济时代不能忽视的一个前瞻性问题。没有对符合未来社会发展需要的人才特征的深刻认识，就不可能有相应的教育准备；没有相应的人才作为依托，迎接知识经济时代的挑战也只能是纸上谈兵和天方夜谭，知识经济时代也不可能真正到来。未来社会区别于以往任何时代的最重要的特征就是不断创新，那么不断创新也就自然成了符合社会发展需要的创新型人才最基本的标准。以不断创新为起点和归宿所演绎出来的人格特征、能力结构、知识水平及人文与科学素养则构成了高校创新型人才的基本内涵。

二、创新型人才培养的要素分析

高校创新型人才最本质的特征就是要具有点石成金的创新能力，能够在所从事的研究领域和工作范围内，运用自己的知识、智慧和能力，不断地开展创新活动，产生有益于经济发展和科技进步的新观点、新思维和新方法。

（一）健康向上的人生价值取向

创新不仅是知识经济时代经济发展、财富增长的源泉，也是知识经济社会全面发展、文明进步的重要推进器。依靠创新实现社会进步、民族振兴是知识经济社会最为显著的特点。因此，创新不仅具有重要的经济价值功能，更为重要的是具有社会发展与进步的重大意义。这就决定了创新人才必须把创新潜能的开发、创新能力的提高，以及由此推动社会的发展与进步作为人生的最高价值目标，把创新精神和创新能力作为自身素质的最本质的体现，并以此作为人生价值的新境界和新追求，在创新与社会进步这一层面上找到并实现人生的意义。这是知识经济时代创新人才所具有的健康的人生价值取向的最为本质的内涵。创新型人生价值取向包含如下三个方面的内容。

（1）创新不是在某种外力的驱使下对创新需求的被动应答，而应是一种内在品质的体现，是一种积极主动的追求。创新已上升为一种崭新的人生价值观，成为人的真正意义上的"第一需要"，同时体现为人的最高层次的内在需求，赋予人的自我价值实现以崭新的时代内涵。

（2）创新具有重要的经济价值，应当使所有的创新行为与经济发展的需要紧密结合，充分发挥并实现其经济功能，但又不能把创新行为仅局限于单纯的经济增长和短期经济利益目标，而应当实现其功能上的超越，即服务于社会的全面发展和人类的文明进步，服务于民族的根本利益。

（3）创新既不是单纯的经济行为，也不是纯粹的自然过程，它是一种社会行为或者说是社会进步的过程。因此，任何创新的理念、行为和结果都具有十分重要的社会评价标准，这是创新型人才创新素质的重要内容。创新型人才只有牢固建立起一系列创新行为的社会评价标准，才能自觉地规范自身的创新行为，使创新真正为社会文明进步服务，为人类造福，而不是成为少数人掠夺财富甚至给人类带来灾难的工具。

作为创新型人才人生价值取向的体现，还必须把个人的内在创新品质和追求与社会发展、人类进步的需求有机结合，并服从于社会与人类的整体需求；把当前的创新所具有的经济价值与社会进步、民族振兴的长远目标有机结合，并服从于民族振兴的长远目标；把个人的创新能力与创新行为的社会价值判断标准有机结合，并服从于社会的价值标准。

由这样的人生价值取向所决定创新行为，敢于创新、善于创新，自觉地提高创新能力并规范创新行为，不仅是一种高度的社会责任感的体现，而且还是一种崇高的献身精神，创新就是把自己的所有聪明才智、无限的创造潜能奉献于社会的全面发展、民族的振兴和人类文明的进步。

（二）勇于挑战的创新精神

科学技术发展到今天，社会经济、文化、教育、生产经营等各个领域都已有较为成熟规范的理论体系，并积累了丰富的实践经验。要在前人的基础上，提出自己独特的见解，产生自己的新观点、新思维和新方法，必须要有以现实为基础、勇于挑战的创新精神。

创新首先需要有创意，创意的形成是多种因素综合的结果并需要一系列的中间环节，而观察是创新活动最为重要的基础。因为只有通过观察，才能发现不同事物的个性特点，通过众多的现象归纳，发现并把握其差异性和相似性，并在相似性与差异性的统一中产生联想。因此，对于创新型人才素质要求的重要内容，就是必须学会观察，具有科学的观察方法和较强的观察能力。

创意的形成还必须在观察的基础上进行独立的思考。独立思考首先表现为对观察到的材料（现象）和感性认识进行"去粗取精、去伪存真、由此及彼、由表及里"的改造制作，是由感性认识趋向理性认识的飞跃过程，或者说是由对事物的表象到对事物本质的认识的质变过程。观察与思考相互联系、不可分割。没有观察，思考缺乏现实的基础；没有思考，观察就不可能升华，其结果也就不可能形成正确的认识。只有将观察与思考有机结合，或者说在观察的基础上独立思考，人们才可能有真正的新发现、新认识和新见解，这是创意形成的直接基础。新发现、新认识和新见解直接决定着创新的对象（或目标指向）、创新的类型及创新的方式。

在现实生活中，同一领域甚至同一事物创新的类型和方式千差万别，这在一定程度上是由于人们在发现、认识和见解上的差异。因此，能否在观察的基础上获得新的发现、得到新的认识、形成新的见解，是制约甚至决定创新活动的类型、方式及结果的关键环节之一，而这一切又取决于人们独立思考的能力。古往今来，"善思"在人才培养中一直处于目标的地位，是所有教育行为和过程的共同要求，也是所有创新型人才所具有的共性品质。在知识经济时代，"善思"既是创新活动的关键环节，是创意形成的直接基础，也是创新型人才的重要品质和素质特征。

新发现的获得，新认识及新见解的形成，不仅需要独立思考的能力，更需要善于挑战的勇气。挑战意味着对传统见解的突破，对已有认识的超越；挑战也意味着不断追求思想的解放，不固守已有的结论，不盲从别人的结论，不迷信经典和权威；挑战同时意味着敢想、敢干，敢于提出问题，敢于发表新的见解，敢于踩在巨人的肩膀上追求新的境界。创新就是对传统的突破和对现实的超越，没有敢于挑战、善于挑战的勇气和精神，必定是墨守成规、因循守旧，也就不可能有所创新。因此，富于挑战精神和具有挑战勇气是创新型人才最为宝贵的品质和素质之一。当然，这种挑战精神是以观察为现实基础的，不是主观臆想的；是经过独立思考的理性结果，而不是盲目的冲动。

（三）充分的知识准备

知识经济时代的创新，需要充分的知识准备和知识体系的支持。知识经济就其本质来说是创新型经济，创新是其灵魂，但知识经济首先是以知识的生产、知识的积聚、知识的分配、知识的应用尤其是知识的更新为基础，或者说知识经济首先是以知识为基础的经济类型，甚至可以把知识经济称为知识化社会。另外，完整的知识及体系构成了创意形成和创新活动的重要基础，在一定程度上也决定着人们创新能力的强弱。虽然知识水平并不能直接标示着创新的能力，但创新能力的提高必须以知识水平的提高为基础，创新若得不到知识体系的支持必定是无源之水。

但是，创新所需要的知识支持绝不仅是对已有知识的继承、积聚和应用，还需要知识的不断更新。无论是创意的形成，还是创新的设计及创新的活动，都需要新知识和新原理的运用。因此，站在科学发展的前沿，努力实现知识体系的更新尤其是知识的创新，才能为创新提供更为有效的知识支持，也才能更准确地体现知识经济的本质及要求。

不仅如此，当代经济社会的发展早已出现了综合化的趋势，许多新事物的出现已表现为各种因素综合作用的结果，许多新问题的解决也已经涉及经济社会发展的众多领域和诸多方面，因此，创新也就表现为复杂的系统工程，仅依靠某一领域或方面的专门知识及技能，已无法完成创新的任务，也不可能达到预想的创新目的。尤其是许多重大的创造发明，只有综合运用自然科学、技术科学、社会科学、人文科学等多门学科的知识才能获得预想的效果。同时，只有多学科的不断交叉、渗透、融合与碰撞，才能迸发新的思维火花，形成新的观点，产生新的结论，从而提供创新所需要的新视角、新思路、新途径和新方法。另外，知识的综合，学科的交叉、渗透也是知识创新的有效途径。知识创新从根本上说是依赖于社会的实践，但学科之间的互相借鉴和吸收，能有效地产生新的知识点，甚至形成新的学科，其直接结果不仅使知识总量有了新的扩张，也使原有的学科有了新的发展，从而使整个知识体系不断增加新的内容。

（四）科学的创新观念

创新是一种科学活动，不仅要遵循客观事物运动、变化和发展的内在规律，准确地认识和把握客观事物的本质及未来趋势，而且要充分认识和遵循创新过程的客观规律。对创新规律的认识，是随着人类创新活动的开展逐渐深化的，对创新规律的认识和把握程度，从根本上决定了人们创新行为的自觉程度、科学程度及有效程度。知识经济时代，创新是社会进步的根本动力，科学地认识、遵循创新的客观规律，是知识经济发展的内在要求，也是建立国家创新体系、实施创新工程的重要课题。

科学的创新活动需要科学的世界观和方法论，即运用唯物辩证法指导整个创新活动，同时综合运用各种科学方法，建立起科学的方法论体系。

唯物辩证法告诉我们，人类的创新活动不仅具有一般的规律，在经济社会发展的不同时期，创新又具有特殊的规律：创新的规律制约着人们的创新活动，决定着人们创新意识的形成及创新类型、方式的选择，也决定着创新的效果。同时，创新又充分体现着人们的主观能动性，创新意识的强烈，创新潜能的有效开发，创新的类型、方式的合理选择，不仅能提高对创新规律的驾驭能力，而且能加速创新的进程，有效地提高创新的效果。充分认识和发挥人们在创新活动中的主观能动性，辩证地分析和估计客观条件对创新活动的制约，是人类从创新的必然王国到创新的自由王国的质的飞跃。我国的国情决定了创新活动的基础相对较弱，创新的客观条件相对不足，因此，准确把握我国创新规律的特殊性，充分发挥人在创新活动中的主观能动性，对于加快创新的步伐，推动经济社会的发展，具有更为特殊的重要意义。

创新需要广泛的科学支持，任何一项创新活动都必须建立在相应的科学知识体系、基本原理及方法的基础上。例如，理论创新首先需要认知科学的支持，技术创新离不开技术科学的原理和方法，制度创新必须以经济科学、管理科学等广义的人文社会科学为基础等。离开了诸多科学原理、方法及知识体系的支持，创新就失去科学的基础，就会变成一种盲目的活动，甚至会成为一种破坏性的行为。

尽管各门科学的原理、方法及知识体系本身也在发展、也需要创新，固守传统的甚至陈旧的科学原理、方法及知识体系只能束缚人们的创新活动，但在科学发展的某一时期，就某一阶段具体的创新活动而言，科学对创新的支持是稳定的、有效的。正如充分的知识准备对创新活动具有十分重要的基础作用一样，一定阶段的科学原理、方法及知识体系对创新活动的科学化同样具有十分重要的基础作用。创新以一定的科学发展为基础，同时必须接受科学的检验。

因此，必须牢固确立创新是科学的观点，并以此规范人们创新的意识和行为。科学的创新活动必须排除各种歪理邪说的干扰，与任何宗教迷信划清界限，同时必须与各种伪科学进行坚决的斗争。这就要求创新型人才必须具有崇尚科学的精神和科学的创新态度，掌握科学的创新知识和方法，从而遵循创新的客观规律，不断提高创新的科学化程度。

第二节　高校创新型人才培养模式的基本架构及运作机制

一、高校创新型人才培养模式的基本架构

创新型人才培养模式是以获取知识为基础，以开发智能为手段，以发展创新能力为核心，以提高综合素质为目标的高校人才培养体系。它体现的高校人才培养活动结构框架和活动程序为：学生通过专业教学活动和其他教育活动获取、积累和整合知识，构建合理的知识结构和能力结构，在此基础上，最大限度地发挥自身潜能，特别是思维力，发展自学能力、表达能力、实际操作能力、科学研究能力、组织管理能力、社交能力等，再

通过知识和能力的升华，内化为自身素质，培养创造性思维能力和创新能力。在创新型人才培养模式中，素质是人才培养的灵魂和根本，素质的培养要着重造就学生的创新品质和创新精神。

高校创新型人才培养模式是按照知识、智能和素质协调发展的要求构建起来的，它是高校人才培养现实的再现或抽象概括，来源于高校人才培养实践，又指导高校人才培养活动，知识、智力、能力和素质是这一模式的四个基本要素。知识是开发智力、形成能力和素质的基础，但智力是内在的，它必须借助能力才能外显出来，因此，智力和能力是两位一体的关系，一般称为"智能"。知识和能力通过升华，内化为人才的素质；素质的形成和提高，促进知识的更快获取和拓展，促进智能的更好发挥和发展。各种能力经过优化组合，集中体现为创造力，也就是说，智能活动的最高层次是创造力；素质为增强思维力和创造力提供源源不断的动力；思维力和创造力经过整合，造就出创新型人才。

二、高校创新型人才培养模式的运作机制

创新型人才培养模式是以满足社会对创新型人才的需求为目标而建立的人才培养模式，这一模式包括人才培养目标、人才培养基本规格、人才培养过程和人才培养评价体系四个方面的内容。

（一）人才培养目标

构建创新型人才培养模式应借鉴国外高校的先进经验，顺应国际潮流，重新确定我国高校人才培养目标，按照知识、智能和素质协调发展的要求，为社会主义市场经济和知识经济发展培养大批具有创新精神和创新能力的现代高级专门人才。创新型人才培养模式是在通才教育与专才教育相结合的基础上突出人性、综合素质和创造力培养，真正以育人为目标的模式，这一模式不同于以思想品德优良、素质高和知识丰富为目标，以教学为目的的传统人才培养模式，要求高校把学生当作一个"社会人"提高到首要和基

础的层面，综合素质的培养优于知识的灌输，创新能力和适应能力的培养优于专业知识的提高和技能的培养。创新型人才培养模式就是要使学生在接受高等教育的过程中，不仅掌握必要的科学知识和人文知识，具有较强的创新能力和适应能力，而且还是一个和谐发展、人格完整的人，而不是一个只会在实用主义、功利主义的层面上去判断事物、思考问题，去寻找人生答案的人。

（二）人才培养的基本规格

为适应未来社会对高级专门人才的需要，高校培养的人才应当既有知识，又有智力和能力，更有使知识和智能得到充分发挥的素质。基础扎实、知识面宽、能力强和素质高是高校创新型人才的基本特点。因此，高校培养人才时，应以知识、智能和素质协调发展为质量标准，这是对德、智、体、美、劳全面发展要求的具体体现。

由于创新型人才培养模式的特点是突出综合素质和创造力培养，因此笔者只对学生的创新能力规格和素质规格作重点阐述，其余的知识规格和智能规格在此不再阐述。

1. 创新能力规格

创新能力规格包括：① 在接受创新素质教育过程中，能逐步提高和发展创造性观察能力、创造性思维能力和创造性表达能力；② 在参加科技活动或社会实践活动中，能表现出一定的创造才能，能撰写符合要求的科技论文；③ 在毕业论文设计过程中，能完成具有一定创新要求的设计课题，能撰写富有新颖性、创造性的毕业论文；④ 在教师指导下，能从事一定的科学研究或技术创新工作。

2. 思想道德素质规格

思想道德素质规格包括：① 正确理解和坚持党的基本路线，坚持四项基本原则，拥护中国共产党的领导；② 学会运用辩证唯物主义和历史唯物主义的立场、观点和方法分析现实生活中的政治、经济、文化和道德现象；

③ 树立社会主义民主法制观念，自觉维护和遵守各种法律法规，严格遵守校纪校规；④ 树立以社会主义、集体主义为核心的人生观和价值观，反对拜金主义、享乐主义和极端个人主义；⑤ 树立正确的学习目的，养成良好学风，努力攀登科学文化高峰；⑥ 养成高尚的社会主义道德品质和文明行为习惯。

3. 文化素质规格

文化素质教育的目标是使学生能了解人类改造自然、改造社会和改造自身的主要文明成果，能从中外丰富的人文社会知识和自然科学知识中汲取营养、陶冶情趣，塑造适应社会主义精神文明建设要求的高雅气质、健康的审美情趣，其具体规格包括：① 掌握一定的文、史、哲基本知识；② 熟悉中国文化发展的基本脉络，了解中国近现代史上的重大事件、著名人物及经典名著；③ 了解世界近现代史上的重大历史事件、著名人物及经典名著；④ 学习文化艺术类课程，培养健康高雅的审美情趣，树立正确的审美观；⑤ 了解反映现代科学技术与知识创新的人文背景；⑥ 了解现代企业制度下的企业哲学与企业文化的基本内涵；⑦ 了解与社会可持续发展战略相关的人文知识。

4. 业务素质规格

业务素质教育的目标是使学生在具备一定的业务知识和业务能力的基础上，具备成为现代高级专门人才所需要的业务素质，具体规格包括：① 在教师的指导下，独立自主地进行各个教学环节的业务学习和完成各种作业，杜绝一切舞弊行为；② 尊重客观规律，在科学实验、科学研究和社会调查研究活动中能实事求是地进行科学观察，客观记录实验数据和各种信息，整理实验报告或社会科学调查研究报告，自觉抵制各种伪科学的侵蚀；③ 注重理论联系实际，积极思考所学科技知识和人文知识在生产实践中应用的可能性；④ 养成精心策划、精心设计、精心整理研究与开发成果的习惯，追求质量意识、精品意识和创新意识；⑤ 养成团体意识和协作精神，在综合实验、毕业设计、社会实践及科学研究中能分工合作、取长补短、共同前进。

5. 身心素质目标

健康的体魄与良好的心理是现代高级专门人才实现社会价值和人生价值的基础。在身心素质方面的培养目标为：使学生养成强健的体魄，具有良好的个性心理品质和群体协同心理品质，具有较强的心理调适能力。

（三）人才培养过程

正如企业的生产经营需要经过供应、生产和销售三个阶段一样，严格意义上的人才培养过程包括人才供给、人才培养和人才产出三个部分。人才供给是通过考试、测评等方式对应届、往届高中毕业生或有一定基础的社会青年、在职人员进行选拔，为人才培养提供可塑之才。人才培养是指通过教师的教与学生的学，使学生在知识、智能、素质等方面协调发展，使学生成为符合时代发展要求的人才。人才产出是指高校培养出来的学生通过双向选择、供需见面实现就业，是人才走向社会的过程。人才培养模式中的三个部分密不可分、相互作用、相互影响。人才供给是人才培养的前提和基础，人才产出是人才培养的结果和归宿。在高中毕业生或社会青年经历大学阶段，成为人才，继而在社会上有所创造、有所发明的过程中，将教与学有机地结合起来，对学生实施创新教育，注重培养实效，是人才培养过程中至关重要的部分。由于高校的人才供给和人才产出两个部分涉及国家高等教育政策、就业政策、社会用人环境等多方面的因素，而这些因素是不以高校的意志转移而转移的，因此这里主要从高校的角度阐述人才培养过程。

1. 学制

作为高校创新型人才培养过程中重要的一环，高校应对其学生实行弹性学制，允许达到培养目标和质量标准的学生提前毕业，或允许学生根据自身情况自许毕业。

2. 教育阶段划分

高校学生的整个教育过程可分为两个大的阶段，即基础教育阶段和专业教育阶段。基础教育阶段的基本任务是强化基础、拓宽知识面，使学生比较系统地掌握本学科、专业必需的基础理论和基本知识，加强文化素质教育和创新知识教育，培养学生的人文与科学素养。专业教育阶段的基本任务是让学生掌握本专业必要的基本技能、方法和相关知识，具有从事专业实际工作和研究工作的分析能力和创新能力。

3. 课程设置

课程设置是教育教学内容的具体体现，在对课程体系和教学内容优化与调整的基础上，高校的课程设置应采用模块化和系列的结构，以利于学生掌握比较系统的知识和培养创新型人才所需要的素质与智能结构。

4. 学分制

学分制是开展因材施教活动，加强文化素质教育和创新素质教育，使学生个性得到充分发展的有效途径。国外许多高校在教学环节上都是实行学分制管理模式。高校实施创新型人才培养模式中重要的一环，就是要实行真正意义上的学分制，在保证学生必备的知识、智能和素质培养的前提下，增加选修课比例，让学生根据自身情况及个人的兴趣、爱好选修学分，使学生在教学活动中的主体地位得到充分体现。

（四）人才培养评价体系

评价体系是对高校人才培养工作进行价值判断的系统测量和调查，是学校教学质量管理系统中不可缺少的一环。评价不是目的，而只是实现目的的手段。因此，高校人才培养模式的评价体系，必须紧抓提高教学质量和人才培养质量这一目标，将学生学业评价和教师教学评价有机地结合起来。作为创新型人才培养模式的评价体系，除了做好上述两类评价以外，还应侧重学生创新素质与能力的评价。

学生创新素质评价是以学生个体为对象，根据社会向高等教育提出的创新型人才培养的目标和要求，运用科学的测评手段，对学生的创新精神、创新能力、创新人格、创新实践等做出客观分析与价值判断的微观教育评价。

建立学生创新素质评价体系，准确有效地评价学生的创新素质，是对高校学生全面实施素质教育，培养具有创新精神和实践能力、适应社会主义市场经济需要的合格人才的重要手段。

第三节　高校创新型人才培养模式的难点

当前，高等学校的决策者越来越重视为学生营造良好的创新环境，高等教育战线上的许多专家、学者都致力于高校创新型人才培养模式的研究与探索。面对社会的需求和竞争的压力，高校学生也逐渐意识到自己应承担的社会责任，非常重视自身创新能力的提高。因此，近年来在高校中出现了一些热衷创新，并具有一定发明创造能力的学生。但是，从整体上看，我国高等学校创新型人才的培养步伐还是比较迟缓，实施创新型人才培养模式还存在一些难点。

一、市场经济的趋利性限制了高校学生素质的全面发展

市场经济遵循的原则是价值交换，追求价值增值，崇尚充分竞争、优胜劣汰、能者为上。市场经济不同情弱者，只讲究经济效益，以经济效果论英雄，排斥一切非经济的衡量评判标准，不赞成非经济的保护弱者的政策。而教育不仅具有经济价值功能，还具有社会价值功能，尤其是高等教育，它对于社会政治和意识形态的影响是仅次于政府的。同时，高等教育还十分重视社会发展与科学文化方面的价值取向，它在促进社会生活、探索科学真理、繁荣人类文化等方面发挥着自身独特的优势。市场经济的单一价值取向跟高等教育的多重价值取向之间存在着巨大的差异，并对高校的人才培养产生巨大的冲击。

在市场经济环境中，生存竞争、等价交换成为生活的基本原理，把人们的精神意向从班德主义导向重利主义。市场经济的这种冲击，带来了教育的诸多矛盾：人才素质上功利与理想的矛盾、知识结构上基础与应用的矛盾，

以及教育关系上伦理关系与经济关系的矛盾。教育的目的是培养价值主体还是功利主体？教育到底是一种价值的存在还是工具的存在？市场经济的机制会造就学生的务实精神，增强学生的竞争意识，但也会形成功利主义，使他们的行为受功利驱使，缺乏价值的追求，造成人文与科学素养的缺失。在教育结构和教育内容上这种矛盾表现为素质教育与技能教育、基础教育与应用教育、理论教育与技术教育的对立。功利教育的特点是强调实际的功效，教育听任市场这个"无形的手"的支配，目前出现的"重应用轻基础、重技能轻素质、重技术轻理论"的倾向就是其具体表现，因而导致高校人文学科、理论学科生源不足，而工程学科和经济学科过热。此外，现在的高校毕业生在择业时，首先考虑的是经济收入和工作地点，其次考虑的是发挥自己的特长，最后才考虑国家的需要。这些都是市场经济给高校人才培养带来的不利影响。

高校创新型人才培养模式强调综合素质的培养优于知识的灌输，创新能力和适应能力的培养优于专业知识的提高和技能的培养。而市场经济的趋利性恰恰使得高校学生依据就业形势选择专业，依据社会职业人群收入高低培养技能，忽视了综合素质的提高和创新能力的培养，这与高校创新型人才培养模式的目标是背道而驰的。社会需要各方面的人才，如果高校培养出来的高素质人才都只考虑经济利益，那么谁来从事基础研究、实现科技创新？近几年来，我国的科技竞争实力在世界的排名不断下降，这与市场经济的趋利性不无关系。

二、传统教学模式妨碍了高校学生知识及智能结构的协调发展

从整体上看，我国高等学校仍然沿袭着传统教育模式。虽然许多人已经认识到传统教学方法的弊端，但是在教育实际中，依然盛行"仓库理论"。这种理论认为大脑是储存知识的"仓库"，教育就是用知识去填充"仓库"，学习就是获取知识，知道的事实越多，知识收集得越多，则越有学问。这种教育十分重视记忆，并把知识记忆的多少作为评价教学效果的最重要的指标，把积累和学习前人留下的知识作为教育的主要内容。在教学中采取单一

的"填鸭式"灌输教育方式，片面强调知识的传授，而忽视学生智能的培养，考试以对已知知识的记忆为主，把培养"仓库型"人才作为高等教育的主要目标。然而，随着知识经济时代的到来，这种教育观念和教学方法与社会、时代对人才的要求颇有不协调之处。

第一，知识经济社会是知识爆炸的社会，新知识、新信息的迅速增加使大脑这个仓库来不及接受和包容如此巨量的知识和信息。第二，电子计算机等现代化的设备和手段已使知识和信息的存储和获取十分便捷和有效，单纯依靠大脑来记忆和存贮信息的方式已变得十分低效和落后。第三，在未来社会，经济的发展和经济竞争能力的提高，越来越依赖于知识的生产、传播和应用，能力将日益受到社会的重视，社会对知识的评价将由重学历转向重能力。一个人只有有能力将他的知识转化为生产力，才能得到社会的认同。但目前我国的高等教育仍然把传授知识和学历教育作为主要的办学思想，忽视学生的智能培养，忽视对学生进行自学能力、研究能力、思维能力、表达能力和组织管理能力的培训，导致培养的学生高分低能，无法适应社会对人才的要求，更不能满足经济发展和社会竞争的需要。

我国现行的高等教育教学模式具有典型的工业化阶段的特征：按照工厂模式实行大批量、标准化生产，学校、专业、课程和教育教学过程都严格按统一计划运行，学校教学范本上是以课堂教学为中心，以教师为中心，以书本为中心，并进行以统一课程、统一教材、统一教学大纲和统一考试为特征的整齐划一的集体化教学。学校教学缺乏灵活性，忽视学生个性发展的需要。而我们所要面对的知识经济社会是以知识为中心的社会，知识经济的发展不仅会引起社会经济结构的巨大变化，而且也将引起人才需求结构的巨大变化。社会所需要的不再是缺乏个性的标准化人才，而是具有个性的创新型人才。知识经济将改变人们的思想观念和生存方式，接受教育不仅是获取知识的需要，也将成为提高个人素质、改善生活质量、发展和完善自我的需要。因此，高等教育将从单纯的人才培养职能向培养人才和满足消费的双重职能转变。可以说，高校创新型人才培养模式完全具备未来高等教育的这两种职能。创新型人才培养模式的实施，要求高校必须转换教学模式，由以教为中心向以教为主导和以学为中心转换，由标准化生产转向个性化教育，充分重视学生个性的发展和个人能力的培养，尊重学生个人的选择，实行教育方式的多样化、个性化和民主化。

三、现行的高等教育专业和课程设置影响了学生知识结构的优化

随着经济的发展，社会对高校提出了一些新的要求，集中反映在：大学的专业课程内容要符合现代社会和生产发展的要求，要对专业的现代发展有较全面的了解；学生基础厚实、知识面宽，掌握有效地分析与解决问题的能力。现行的高等教育专业和课程设置狭窄，主要表现在两个方面。

（1）专业分得过细，而且每一个专业自成体系、相互独立，忽略了各学科之间的联系及它们之间共通的观察、思考、分析和综合的方法，导致学生知识面过窄，知识结构不合理。

如果说传统的高校教育中精细的分科促进了专业及相关领域的发展，那么今天，这种方式已成为其发展的重大障碍了。人类认识自然和社会的过程是一个由混沌到分析再到综合的过程，从这个意义上说，学科之间的分化是人类认识史上的一个阶段。在知识经济时代，学科过细的专业教育已明显滞后。因为就一个人的创新能力而言，仅靠单一的专业教育是不够的，要学好一个专业，并在这一专业上有所创造，必须有足够的背景知识，这种背景知识越宽厚，越有利于拓展思维空间、扩大视野，从而提高创新能力。另外，在工业经济时代，科学知识、技术和产品之间表现为线性关系，某一职业、岗位的人才只需接受与其岗位相关的专业教育就足够了；而在知识经济时代，这种教育已显得捉襟见肘，一个只会做一种工作的"人才"已面临生存危机。

（2）专业教学内容缺乏时代感，这与我国历来"重专业，轻课程"的教学理念紧密相关。

我国传统的高等教育不仅专业过细，而且哪一专业开哪些课也较为刻板。高等教育的目的是为社会培养人才，而社会对人才的需求是变化的，这就要求高校的教育教学也要进行相应的改革。以往的改革主要是调整专业，或增、或减、或更名，但社会需求却十分广泛，变化又很迅速，而专业的设置却又有其相对的稳定性，这就产生了矛盾。解决矛盾的方法就是先扩大专业口径，然后淡化专业，重视课程。因为课程具有专业不可比拟的灵活性，根据社会需求及时更新课程，增删其中哪些内容要依社会实际需要而定，这样就能使教学的运行始终处于动态之中，使学生学到能适应时代需要的最新知识。

四、有限的选修机制难以激发学生的创新潜能

在我国现行的高等教育中，学生的主体性原则没有得到充分体现，主要表现在学生没有选择的自由，不管学生们在各方面有多少差别，升入某大学进入某一专业，就要接受同样的教学内容。目前，高校教学计划中都有三类课程：公共课、专业基础课和专业课，绝大多数都是必修课。因此，学生每天的学习安排得满满的，几乎没有选择的自由。学生在缺乏选择自由下的学习只能是被动地接受，疲于应付，根本谈不上兴趣，个性受到严重压抑，其直接后果是形成学生的依附型人格，不能独立思考，丧失了应有的创新精神和创新能力。

近些年来，各高校开设了一些选修课，但选择的余地极小，许多高校把选修课比例控制在 10%～20% 之间，而且有些选修课还要求学生必选，于是选修课成了名义上的选修、事实上的必修。即便是真正的选修课，也很难实现其教学目的，原因包括三个方面：第一，选修课的学时普遍较少，同样的课程，选修课要比必修课学时少 1/2～2/3；第二，选修课大多数是大课（除非选这门课的人少），经常上百人甚至更多学生挤在一个大教室，形式像做报告；第三，有些高校不把选修课成绩记入总学分，选修课学得好坏不影响期末成绩，因而使一些学生对选修课很随意。这些问题的存在使得课时较少的几门选修课仅成了学生学习自由的点缀。之所以会出现这些问题，归根结

底是由于没有重视学生的主体性和独立性。事实上，大学生的身心发展趋于成熟，尤其是思维能力和自我意识已得到相当的发展，已经具有较强的选择意愿和选择能力，完全可以在学校指导下科学选择自己的学习科目。古今中外的教学实践已经证明，没有兴趣的强制性学习，只能扼杀学生探求真理的欲望，要激发学生的创新欲望，就必须给他们以按个人兴趣进行选择的自由。

第四节　高校创新型人才培养模式的对策

教育是一项未来的事业，具有优先发展的战略地位。随着我国社会主义市场经济体制的逐步完善，特别是随着知识经济时代的到来，传统的人才培养模式在培养创新型人才方面面临着严峻的挑战，已不适应时代发展的要求。作为肩负人才培养重任的高等学校，必须站在未来的高度，开阔眼界，充分认识转变传统教育思想的重要性，树立创新型人才的教育观，推动人才培养模式的创新。

一、更新传统教育质量观，重视知识、智能与素质的培养

辩证唯物主义告诉我们，经济基础决定上层建筑，生产力的变革必将带动生产关系的变革。计算机和网络的普及、信息系统的强大功能，既会带来教育手段的变化，也会带来教育观念的变化，这要求更新教育观念。长期以来，在教育的质量观上，受当时生产力发展所限，人们往往只把受教育者获得书本知识的多少作为衡量教育质量的唯一标准，忽略了学生潜能和创新能力的培养，缺少对学生在繁杂现象中认识事物关键要素和处理问题能力的训练，缺乏对学生意志和品质的锻炼，培养出来的学生大都循规蹈矩，不善于发现问题，更缺乏解决问题的能力。正如杨振宁所指出的那样，这种标准虽有利于学生积累知识，打下扎实的根基，但是相对来说，在进行科学创新的时候缺少创新意识。改革开放以来，对学生能力培养的问题已引起了许多高校的重视。然而随着科学技术的飞速发展所带来的种种负面效应及对高等教

育功能认识的深化，人们越来越关注高校学生身心的全面发展和综合素质的提高，这是教育思想的一大转变。

转变教育思想特别是教育质量观和教育价值观，坚持知识、智能和素质协调发展，是高校培养创新型人才的基本前提。一是因为随着科学技术的迅猛发展，知识总量急剧膨胀，知识和技术的更新速度加快，产业结构不断变化，那种只依靠单一知识、能力和某种素质解决重大理论和实际问题的时代已经不复存在。二是因为电脑、网络的普及，信息迅速增加与快速流通，各种信息无时无刻不在影响着学生，同时，学生也有着极大的选择空间和丰富的信息源，他们可以从网络和其他渠道上迅速地获取大量的新信息。高校若仍然依照先辈遗存下的传统文化去塑造、教育学生，那么学生经过几年教育建立起来的观念和知识结构，等到他们毕业时已大部分跟不上时代的步伐了。当今的市场竞争已从产品竞争延伸到了工作中的创意和实验室中的交锋。社会需要大量的创新型人才，而创新型人才的涌现，是以教育观念转变为基础和前提条件的。高校应充分认识到高等教育的目的是培养学生的创新精神、激发人的想象和灵感，使人能从新的角度、按照新的思维方式来认识客观世界，创造出具有社会价值和经济价值的物质成果和精神成果，即想别人不敢想的，做别人不敢做的。高校创新型人才培养的立足点并不是要求学生必须做出什么发明，而是培养他们独立思考问题和解决问题的能力，能在各方面发现、发挥自己的潜能，为将来在创新方面有所作为打下基础。这些都需要高校重新审视传统的教育观念，剔除那些不适应创新型人才培养的过时的因素，树立创新教育观念，确立新的人才培养目标和教育教学模式，促进学生的知识、智能和素质协调发展。

二、革新教学内容，注重知识和能力的综合

21世纪是以高新技术为核心的知识经济占主导地位的世纪，知识对于全人类的重要性是不言而喻的。但是，随着科学技术的快速发展，知识的总量在不断增加，而大学生在校学习的时间毕竟是有限的，为了解决这一矛盾，

必须改革高等学校的教学内容和教学方法，要把那些最基础的、在今后的工作实际中仍然有用的知识教给学生。

当前，科学技术的发展既高度分化，又趋向综合，各学科广泛交叉、相互渗透，很多重大问题都是涉及多学科的综合性课题。为适应这一趋势，我们要在注意学科综合化、拓宽专业口径的同时，加强课程的综合化，构建新的课程体系和课程设置方案，以便于高校学生构建合理的知识结构和能力结构，并全面提高自身的素质。有教育专家认为，没有综合化就不会产生伟大的变化，综合化课程体系的内涵为：加强基础，扩大知识面，开设综合化课程和系列课程，各类学生既学习社会科学和人文科学，又学习自然科学，而且这种跨学科的教学模式应贯穿于整个学习之中。因此，在构建课程体系时，要有目的地构建一系列有利于学生综合素质培养的具有宽泛性、交叉性和时代性特征的课程；同时还应精心设计与之配套的第二课堂和校园文化环境。

三、完善教学体制，充分发挥学生的主体作用

以创新型人才为培养目标的教学体制包括弹性学制、学分制、互动式教学等内容。

（一）建立弹性学制

尽管高校学生是经过一定的选拔程序才得以迈进大学校门接受高等教育的，可以说他们是社会上素质较高的群体，但是高校学生之间的个体差异依然非常明显。不承认高校学生的这种个体差异，就难以使学生的个性在教育教学的过程中得到充分的发展。

目前高校的本科教育除医学类、建筑类等专业采用五年制的基本学制外，其他专业均采用连续四年的基本学制。这种固定学制的做法已经延续多年，各高校除学生因病休学外，鲜有提前或延期毕业的情况发生，这不利于学生的个性发展。清华大学曾在这方面进行过改革尝试，为鼓励在校学生将其创新成果转化为现实生产力，允许他们休学从事创新研究和创新成果转化

活动，这开创了高校实行真正意义上的弹性学制的先河。实行弹性学制是尊重学生个体差异，真正做到因人施教、因材施教的有效途径。实行弹性学制，可将学生的在校学习时间由固定的四年或五年变为3～6年，即允许学有余力的学生在完成规定的教学任务，达到学校培养目标和质量标准的情况下提前一年毕业，或像清华大学那样允许学生根据自身的具体情况延期1～2年毕业。

（二）完善学分制

学分制是世界各国普遍采用的教学管理制度，其核心是一份富有弹性的指导性教学计划和一套灵活的管理制度，其出发点是使学生充分自由地全面发展，其归宿是培养更多的高质量人才。学分制最显著的特点是贯穿于教学进程与教学管理中的开放性和灵活性。学分制指导性教学计划的制订，应淡化专业，放开选课、选专业和选系；课程学习上实行重修和免修；选修课在课程中所占的比例增加等，不仅使专业、学科和学术思想之间的渗透、交叉和结合有了可能，而且能够优化学生知识结构，拓宽学生的知识面。对学分制辅以教学管理的目标管理和过程管理，可以有效地保证教学的时效性。另外，学分制赋予了学生较大的学习自主性，可以充分调动学生的主动性和积极性。学分制确定的教育思想和教育观念，其基础是尊重人才成长和培养的规律，尊重和发展学生个性的教育思想。也就是说，学分制是把学生自身的个体差异与成长规律作为教育的出发点，充分重视发挥个体的特长及潜能，通过个体个性的和谐发展达到全面发展的目标。

目前许多高校已经实施学分制，但存在选修课太少，所设课程不利于学生综合素质提高和创新能力培养的弊端。因此，高校应以培养创新型人才为出发点，不断地完善学分制，使学生的个性得到充分发展。

1. 打破传统的教学计划和教学安排

打破学年制的教学计划和教学安排、设计学分制的新体系，是实行学分制的关键。要从全校的课程安排、教室使用和上课时间这三个方面重新设计，全天分散排课，学生充分利用时间选课，学校充分利用条件和设备办学。这也是学校挖掘办学潜力，增招一些走读生，增加办学效益的途径。

2. 对必修课与选修课的比例进行调整

在保证国家专门人才培养的基本规格的前提下，将部分基础课或专业课程改设为选修课，适当增大选修课比例。对多数学生来说，主要是在修好本专业课程的同时，在没有精力和能力再修另一专业课程的情况下，通过选修课的形式增加一些知识面。设计、安排好选修课，并保证选修课的教学质量，可以达到既扩大学生的知识面，又使学生具有坚实的基础和一定专业技能的目的。

3. 充分调动教师的积极性

多开选修课，尤其是对一些教学工作量较轻，有的一学期没有几节课甚至不上课的教师，是一种充实和锻炼。有些选修课可能选修的学生少，这与学生的需要和兴趣有关，也可能与教师的水平有关。如果是后者，则可以促使教师去充实、更新教学内容，提高教学质量。

4. 校际间要打通，学分可互相承认

我国高校单科性院校较多，学校所设专业是以培养专门人才为主的，学生的知识面不够。经过院校调整与合并后这种情况已有所改变，但仍可优势互补或资源共享。本校没条件开设选修课的，可允许在相邻学校选修，回原校承认。

5. 实行主辅修制和双学位制

为一些学有余力的学生创造条件，修读另一专业课程或向交叉学科和边缘学科发展，充分调动学生的学习自主性和积极性，扬学分制灵活性之长。

6. 现行班级制度不变，加强任课教师责任

学生仍然以班级为学习、生活团体，选课可以分散。必修课与选修课都要求学生必须到课堂听课，任课教师评定该门课程成绩时要结合每个学生的到

课率。此外，还要明确一点：实行学分制可增大学生选课的自由度，但学习不是随意的，实行学分制的目的，不是要把大学生培养成散漫的一代。实行学分制仍要全面贯彻党的教育方针，使学生在德、智、体等方面得到全面发展，成为有理想、有道德、有文化、有纪律的新时代需要的创新型人才。

（三）开展互动式教学

诺贝尔奖获得者杨振宁曾讲过：中国的小学、中学、大学和研究生院一直都在把学生赶到一个越来越窄的道路上去，把学生变成念死书的人，结果是学生习惯接受而不习惯思考，更不习惯怀疑和考证，因此不容易培养出有创造性、有独立见解、有开拓能力的人才。这一批评切中了我国教育的弊端。但直到现在，我国高等教育中满堂灌的教学方法，即教师讲课，学生记笔记、背笔记、考笔记的现象依然存在。如果再不及时转变教育观念，这种教学方法将大大落后于时代发展的要求。当务之急是教师必须从思想上认识到学生是教学活动的主体，大力采用互动式教学。

现在，在研究高校创新型人才培养模式的实施过程中所采用的互动式教学，应该是既继承传统的优秀教学思想，又有进一步的发展，使之更加科学化。互动式教学必须有利于加强学生自学能力、独立分析问题和解决问题能力的培养，有利于学生创新思维和创新能力的培养，有利于学生个性和才能的全面发展。互动式教学应体现教与学之间积极思维的共鸣和教师的主导作用与学生的主体作用的和谐统一。正是基于这种要求，实施高校创新型人才培养模式，必须开展互动式教学。

四、加强教学与科研、实践的结合，培养学生的创新意识和创新能力

高等学校的根本任务是培养和造就高素质的人才，培养出真正适应未来挑战、推动时代发展的具有创新精神和创新能力的人才。而创新精神和创新能

力的培养必须通过学生主动参加各种社会实践活动来实现，因为一切创新的内容都来源于社会生活，来源于社会实践。实践不仅能出真知，而且还是创造的源泉，那些真正富有挑战意义的科研课题大都是来自于实践。只有在实践中学生才能发现问题，进而培养他们的创造性思维，并运用创新手段来解决问题。

第十章　高校人才培养模式协同创新研究

第一节　高校人才培养模式与协同创新的实践关联

一、科技和经济协同创新需要大学人才培养模式创新

当今，我们所处的时代是一个大科学时代，所处的世界是一个经济高速发展的世界。科学和技术的发展需要多学科的融合，需要多学科人才共同参与研究，因此，大学人才培养要关注学生自身知识的广度和深度。同时，世界经济的快速发展，使得具有较高综合素质的人才越来越受到市场的欢迎，因此提升学生的整体能力也是大学人才培养必须做的。总之，协同创新已经成为大学发展的必然趋势，成为历史赋予我们的使命。

第一，科学技术发展及学科交叉发展的趋势急需改革大学人才培养模式。随着科技全球化的飞速发展，资本、知识、人才等在全球范围内的扩展成为创新要素发展的必然趋势，信息、网络技术的发展更加速了这一趋势。同时，不同学科、不同领域的资本、知识、人才、信息和技术交叉融合成为世界科技发展的新热点，新的科学发现和突破不断在学科交叉地带和学科之间的空白地带出现，这些都促进了多元主体融合的发展趋势，客观上要求各个主体突破学科、领域等的界限进行协同创新、深度合作。大学作为高等教育的培养机构是国家教育事业的重要组成部分，为了支持高等教育的发展，

202

国家从不同层面做好基础性服务工作，相应地，服务国家全球化趋势、促进经济社会发展也是高等学校应尽的义务。我国高等教育大众化时代的到来除了要求大学为学生提供公平的入学机会之外，更要强调现代大学的教育质量，因此创建高水平、世界一流的大学就成了提升大学教育质量的一个发展方向，而一流大学的创建需要对科学前沿技术有敏锐的洞察力和引领发展的实力，大学人才培养模式的协同创新是科技发展的必然要求，也成为缩小与世界发达国家高等教育的差距的必然选择。

第二，世界经济发展形势急需变革大学人才培养模式。首先，世界新的经济秩序越来越依赖知识，而知识又使国家经济越来越依赖高等教育中拥有高水平技术、知识和理解能力的人才及高校在研究方面的贡献。其次，世界就业市场不断变化，使得每个人都需要不断发展新的能力，因而必须终身学习。再次，新技术正在改革信息储存和传播的方式，这预示着高等教育要加强学生技能的培养，并考虑高等教育为其培养所能提供的方式。从次，世界比以前变得更复杂，变化也更快，高等教育必须帮助个人和社会在坚持构建文明社会价值观的同时，能适应变化。最后，来自发达国家和发展中国家的竞争越来越激烈，使得一个国家所能提供的教育和培训的质量、效益和适切性成为经济领先的重要因素。因此，高等教育在这样的世界环境下需要改革自身适应社会发展的趋势。

第三，社会主义市场经济发展需要改革大学人才培养模式。日益激烈的国际竞争、日新月异的科技创新，迫切需要大批创新人才服务经济和社会发展。高等教育作为世界各国发展的重要支撑力量，已经在世界范围内形成了诸多成功的发展模式，但我国大学在吸取西方先进高等教育理念的同时，更应该从我国的国情出发，遵循其自身发展规律，顺应历史发展趋势，探索出一条适合我国的高等教育办学模式。从全局来看，随着我国全面走向世界，必须大力提高全体国民的素质，培养数以万计的高水平创新人才和高科技人才。从教育事业本身来看，高等学校是否能够适应社会主义市场经济的发展，在激烈的竞争中立于不败之地，很大程度上取决于高校的办学水平和教育质量。现实表明，从《高等教育面向 21 世纪教学内容和课程体系改革计划》开始，对于大学人才培养模式的研究就从未停歇，然而我国高等教育人才培养模式还是不尽人意，大学与大学之间、大学内部学院之间、学科之间及专业之间都存在自我保护的意识，相互交融发展存在障碍。同时，我国现行学科是人为划分的，学术组织基本上又是按照学科来划定并组织工作的，虽然这样的划分方式有利于学术活动的进行，但终究不具有科学性，不符合学科发展规律，影响学术组织的操作流程。随着时代的发展，学科在不断变化，学科之间的交叉和融合趋势显著，学术组织的传统和陈旧势必影响学科之间的交叉和融合，也会影响到学校、学科集群、人才培养和学术的发展。此外，我国高校在学科、人才培养和科研三个方面还出现脱节的现象，学科建设脱离人才培养目标，重科学研究而轻视人才培养，学科建设和科学研究的成果与资源不能转化为人才培养的资源，因此，我国人才培养模式需在协同创新的新背景下进行全方位的改革，以适应现实社会对大学的需求。

二、大学人才培养模式改革需要协同创新

（一）协同创新理念对大学人才培养模式改革的意义

第一，协同创新理念是实现大学人才培养模式改革的必然要求。人才培养、科学研究和服务社会一直都是现代大学的三大职能，培养人才是大学首要和基本的职能。然而"培养什么样的人"和"怎样培养人"是我国高等教育在人才培养方面重点关注的问题，也是人才培养模式的选择问题。随着我国经济建设和社会主义市场经济对于高技能人才的需求，具有较强的创新能力和实践能力的高素质人才成为大学人才培养的重点方向。要实现这一培养目标就必须增强大学与行业企业、科研院所和社会各方面的广泛联系和合作，仅靠大学自身来独立完成是不可能的。同时，大学人才培养是个系统工程，需要在专业设置、培养目标、培养规格、培养方案、培养途径、培养制

度、培养评价等方面做出调整。此外，知识、能力和素质是人才构成的基本要素，知识、能力和素质的学习都需要在实践中体验、培养和创造，而行业企业、科研院所等多元主体正好为其提供了良好的实践平台。不了解行业企业、科研院所的需求，就得不到行业企业和科研院所的支撑，大学人才培养模式改革也会失去方向、失去生存和发展的前提。因此，将协同创新理念融入大学人才培养模式无疑是对大学人才培养模式改革的又一次探索。

第二，协同创新理念和大学"以人为本"理念在目标上是一致的。大学人才培养目标就是促进人的全面发展，以学生的本质发展为出发点。传统大学的人才培养模式一般都规定好实践的时间、地点和内容，剥夺了学生的选择权，对于学生的新想法、创新点和兴趣更是不管不顾，也就是说没有给学生施展才能的空间，因此这种规定内容、规定时间的教学模式不能满足培养学生的实践能力和创新能力的要求，也无法实践"以生为本"的教学理念。学生是大学的主体，要调动他们学习和研究的积极性与创造性，新的人才培养模式就应以学生为主、为学生服务，保护和激励学生的主动性、积极性与创造力；从过去那种以"管"为主的管理模式，转变到"以生为本"，即以学生为主体，以教师为主导，以"授"为核心的轨道。协同创新理念就是要政府、大学、科研院所、行业企业等多元主体参与到大学人才培养的队伍中来，目的也是为培养出具有社会需求的创新能力和实践能力的毕业生。可以看出，提升学生创新能力和实践能力也是他们自身发展需要，是"以人为本"的体现，所以协同创新和大学人才培养目标是一致的，因此两者可以结合起来，为高等教育的发展摸索出一条新的道路。

（二）大学多元主体对改革人才培养模式的利益诉求

第一，大学人才培养模式改革需要在尊重教育自身发展规律的基础上，符合社会多元主体的人才需求观。斯德哥尔摩大学建校于 19 世纪末，至今已有 120 多年的历史，它的发展史就是一部从传统教育模式向现代大学转变的历史。它最初的目的是建立一所独立、自由、纯粹学术研究性质的机构，为了保持学术上的独立，它并没有向瑞典政府申请财政资助，自身筹资的局限使它很快就陷入了财政危机中，同时随着社会的发展，旧的大学体系已经越来越不适应社会的发展，此时学校意识到纯学术研究性质、不要政府投资的教育机构是无法在现实社会中生存的，因此这所大学开始走出学术"象牙塔"，开始面向全社会。这座"象牙塔"在一个世纪后成为一所与社会发展息息相关、经济上得到社会各界的资助、课程和专业的设置也是以实际劳工市场为指向的国立大学。它的高等教育发展历程带来的启示为：现代大学不是也不能再是独立于社会现实之外的"象牙塔"，大学必须考察社会的需求，面向社会并服务社会。大学不仅要实现其人才培养的基本职能，为社会培养具有良好知识修养、掌握实际技能的高技术工作者，还要实现她专注科学研究的职能，成为学术研究的中坚力量，走在社会前端并引领社会发展，还要实现她服务社会的职能，成为社会的服务者，协调社会各主体关系，更好地为社会发展做出贡献。

第二，政府、科研院所和行业企业需要大学改革传统人才培养模式，培养出更符合社会需求的人才。众所周知，企业每年都会根据自身需求广纳贤才充实自身力量。世界合作教育协会曾经委托詹妮弗•杨主持了一项针对雇主的国际比较研究，该研究分别在欧洲、美洲、非洲和大洋洲的 6 个国家中选取了 30 多家校企协同企业发放问卷、进行协同创新结果调查，当企业被问及"要培养并雇用具有协同创新才能的学生要花费企业多少代价"时，90%雇主均表示指导和培养这些具有协同创新才能的学生要花费传统人才培养几倍的时间，然而和企业正式员工相比，这些学生为企业创造的价值却没有正式员工高，却还要支付正式员工同等的劳动报酬。根据麦肯锡公司的报告，在接受调查的企业中有 1/3 称难找到高技术人才，61%的企业认为应届毕业生缺乏基本的就业训练。由此可以看出，当下热议的"更难毕业季"，产生的最终原因也是由于真正符合行业企业需求的人才太少。因此，如何培养出符合行业企业需求的大学生是大学需要面对的问题，也是企业最渴求解决的问题。同样地，大学也需要行业企业提供实践场地、给予技术指导，这样对等的利益诉求让他们找到了协同的"连接点"。

第三，多元主体需要以大学人才培养模式改革为契机，实现资源共享和利益多赢。在市场经济发展的当下，不仅商品生产需要符合市场的需求，在科技领域，大学和科研院所的研究成果只有符合市场需求才会转化为下一个项目的启动基金，才会为国家科技发展提供现实效应。没有实际效应的研究只能是纸上谈兵，使科研人员陷入无法自拔的漩涡，还浪费了宝贵的科研资源。市场是企业发展的指向标，行业企业需求可以让我们看到市场的发展方向。科研院所的发展需要大学提供源源不断的新鲜血液，才可以使科研院所永葆生机；而大学也需要科研院所给大学提供完备的实践基地，需要科研人员参与到大学人才培养系统中来，为人才培养目标的制定提供宝贵意见，为学生开设一些课程和讲座将他们的科研成果渗透在课程当中，激发学生的科研兴趣，这一利益诉求加快了大学和科研院所的协同步伐。

三、大学人才培养模式协同创新的时代特征

第一，大科学时代，发展成为大学人才培养模式协同创新的时代动力。众所周知，世界科技发展大致可以分为前科学时代和大科学时代。前科学时代是以个体研究的时间先后顺序为划分标准，大科学时代则是以团体联合的研究方式为划分标准。由此可以看出，个体研究方式已无法满足大科学时代多学科融合会聚的要求，作为独立主体的大学、科研院所和行业企业也难以掌握大科学时代下发展所需的全部资源，也很难凭借自身完成创新。因此，大学、科研院所和行业企业要想在大科学时代得到发展，就要破除自身的局限，实现开放式的协同创新。

第二，国家创新发展成为改革大学人才培养模式的必然要求。创新推动发展，尤其是知识经济时代，创新能力在推动经济的发展、社会的进步及提高国家和民族的综合国力、国际竞争力等方面都有着重大的现实意义。当前正是世界经济活跃发展时期，世界各国的生产方式都在经济和科技的影响下

发生剧烈的变化，生产方式的先进程度成为衡量各国综合国力的重要指标，成为提升国家创新能力背后的驱动力量。大学作为培养人才的重要场域，它的发展直接影响到国家政治、经济、文化、生态等多方面的发展方向，它培养的人才是否可以适应时代发展、是否可以为国家的创新需求提供动力是检验大学办学质量的关键，为了达到这一目标，大学就应该在确定人才培养目标和构建人才培养模式上做文章。

第三，大学人才培养模式的改革是人力资源发展的内在需求。信息时代下人才的质量、人才的综合素质比以往更重要，国家的竞争也主要表现在"人才"的竞争上，一个民族或国家的发展很大程度上与人力资源的合理配置息息相关。知识经济也好，智力资本也好，都需要通过掌握知识的人才形成，最大限度地优化人力资源配置是各类行业企业乃至各国发展的不竭动力，在人才质量上要特别重视人的全面发展，鼓励人的创新思维，激发人的创新能力和实践能力。面对快速发展的经济社会，没有全面、综合的素质，没有创新意识和能力，很容易被淘汰，失去竞争的机会。作为拥有大量的高学历人才的大学，其学科门类丰富多样，其人才志向高远，同时，社会也急需大学充分利用自身多学科人才汇集的优势，将其价值最大化。如果大学在人才培养模式上抓住自身的多样性，并且顺应国家、时代需求将协同创新理念融入大学人才培养模式之中，必将使培养出来的人才在以后的就业中真正发挥他们的优势。

第四，国家在不同的场合多次重申协同创新，这就为大学人才培养模式协同创新提供了政策支持。高等学校创新能力提升计划又一次要求社会各主体积极推动协同创新，促进高等教育与政府、行业企业和科研院所在科技、经济及文化方面的有机结合，大力提升高等学校的创新能力。这就将人才培养模式的协同创新提高到了国家层面，在国家的号召下，全社会各类组织、各界人士都有义务为人才培养模式协同创新提供一个良好的氛围，人才培养模式的协同创新不仅是大学的义务，还需要全社会不同力量的合作与支持。

总之，国家为人才培养模式的改革提供了一个良好的政策环境，这也是人才培养模式改革的一个机遇。

第二节 高校人才培养模式的实践主体及其协同现状分析

一、我国大学作为单一人才培养主体的局限

第一，应试教育下的教育理念长期存在。这种观念上的偏差，使得我国教育长期以来实行以"课堂、教材、教师"三者为中心的传统教学原则。在这种理念的支配下，在知识和能力的关系上，重视知识的系统灌输，忽视实践能力的培养；重视教学过程中知识静态传递，忽视教学实践活动中知识动态的创造性发展，理论知识与实践能力相分离。在"教"与"学"的关系上，将学生置于被动接受知识、吸纳知识的位置，忽视学生才是教学过程中的主体。在共性和个性的关系上，重视学生的集体成长，忽视学生的个性发展。这些都不利于学生探索知识、发现知识和创造知识意识的形成，不利于培养学生的创新意识和创造能力，阻碍了学生独创性、积极性和主动性的发挥，因此大学教育很难培养出集能力型、创新型和实践型于一身的优秀人才。

第二，在现行大学教学模式中，学生的创新实践机会非常少。厦门大学潘愚元认为高等学校贯彻教育与实践相结合的方针，必须把教学、实践和科学研究结合起来，以教学为中心，将实践视为教学过程的重要组成部分，通过知行结合来培养学生的各项能力，系统的专业知识和大量的创造方法不能形成创新能力，必须将专业知识和创造方法运用到实践活动中，才能达到培养创新能力的目的。然而在现行大学教学模式中，系统知识的传授却占用了绝大部分的教学时间，因此无法在教学中给学生提供充足的进行创新和实践

活动的机会，即使有些大学为学生提供了实验和实习的机会，但真正实践和创新环节也没有得到学生和教师的重视，只停留于表面，在提升学生实践能力和创新能力方面无法真正起到作用。

第三，学生的自学能力差。我国传统教育强调知识的完整性和系统性，传统课堂教学的主要功能在于帮助学生深刻、全面、准确地理解和掌握科学文化知识，学生只需要按照前人的做法重复性地操作，不需要进行周密的思考和复杂的计划安排，因此学生解决实际问题的能力和自我学习的能力较差。当今社会信息资源产量大、运转快，仅靠学校教师的点滴传授是远远不够的，学生需要利用网络平台和工具书最快最准地获取信息资源。学生接触到的网络资源一般有开放的网络平台和学校图书馆提供的专业技术平台，而学生对网络资源的利用多倾向于浏览网页，对计算机的维护和应用能力严重缺失，对于图书馆的利用多倾向于借阅书籍，图书馆免费开放的电子资源利用更少，更不用说开放的国际学术资源平台的利用率了，这就很难适应社会发展的需求，无法实现自身价值。

第四，现行大学教学模式无法提供创新所需的宽松环境。创新人才的产生需要十分自由、宽松的探究问题的环境，需要鼓励大胆质疑，让每一个学生都认识到，即便他们的问题看起来荒诞可笑或者远离现实，也值得表达和研讨，值得与他人分享。牛津大学的学院体系立足于自立、自治和自足，每个学院都有三个公共休息室：教员公用室、研究生公用室和本科生公用室。公用室费是每个学生除大学学费和学院费用之外还要缴纳的一定费用，因为公用室提供了电话、电视、报纸、酒吧、牛奶、咖啡、茶等校园社交所需要的一切环境条件。国际化程度极高的牛津大学吸引着来自世界各地的优秀人才，这些来自世界各国的优秀学生在公共休息室交流和接触，这就为创新思维的迸发提供了更多的机会，而这时的公用室就成了一个小的"联合国"。学院还专门为研究生和本科生公用室提供活动经费，让学生自己组织各种丰富多彩的活动。学生的公用室每星期还在学院餐厅组织一次正式的宴会，请其他学院的师生来参加自己的宴会，同时也走出去参加其他学院的宴会，这样的宴会为不同学院专业的教师和学生提供了与其他学院对等交流的机会。这样一来，通过三四年的接触，本学院的师生之间、学生之间一般都有了比较深刻的了解，教师之间可以相互参与科研课题，可以培养学生口头表达能力和交际能力，师生之间在学习上和情感上都会有一定的提升，学生不会因为彼此的不熟悉而在思想碰撞上蹑手蹑脚，而且也培养了学生对学院深厚的情感。创新是做"前无古人"的事，因而道路倍加艰辛，需要一个宽松的、推崇多样化的、容忍标新立异的甚至冒失与错误的环境。相比之下，我国大学以教学量约束教师，教师只要完成自己的教学任务就可以离开学校，这样学生在遇到问题时无法及时获得教师的意见和建议，继续发展自己的新创意，自然和教师的交流机会就很少。

二、多元主体在人才培养模式协同创新中的地位和作用

（一）政府在人才培养协同创新中的地位和作用

大学要想真正融入社会就需要政府给予支持和引导。建立多元主体参与的人才培养模式协同创新机制需要充分发挥政府的统筹和引导作用，使协同创新成为人才培养的主要途径和普遍模式。要使大学人才培养模式协同创新健康发展就必须调动企业的积极性，增强合作的稳定性。仅靠市场机制来调节是远远不够的，甚至是无法实现的，只有建立起由政府主导的教育体制、机制和制度，并按照大学自身发展特点，在遵循市场规则的基础上，确立政府的主导地位，才能实现大学人才培养模式协同创新可持续发展。大学人才培养模式的协同创新不是简单的市场教育，其具有明显的职业性、社会性和人民性。由于协同创新要涉及多个职能部门，尤其是初期带有试验性质的协同创新教育要在现有的高等教育制度框架内有所突破，需要人事、劳动部门与相关职能部门进行沟通，因此必须由政府主导，政府主导的大学人才培养模式的协同创新对提高资源整合能力和人才培养质量具有重要意义和作用。

首先，政府要作为多元主体协同的驱动者。一是政府要通过各种措施，对积极参与协同创新的行业企业、科研院所给予资金扶持，建立合理的利益补偿机制。创新是个长久的过程，过程中的不确定性增加了其风险性，因此无论是大学、行业企业还是科研院所，资金的缺乏都会制约他们协同创新的进程和效果。政府就要给予一定的财政支持，一方面增加科研经费，保证项目的持续进行；另一方面将创新知识转变为企业的资本，增加资本的产出。二是政府必须构建协同创新的法律保障体系，这样才能实现多元主体利益的协调和合作，形成多元主体协同创新长效机制。由政府牵头和法律保障的协同创新将有效地整合我国各类资源并实现优化配置，有助于加强大学、行业企业和科研院所之间的联系。三是政府实施就业准入制度，有利于建立全社会统一的职业标准、鉴定规范和社会化管理体系。

其次，政府要成为多元主体的利益调控者。大学人才培养模式协同创新是在多元主体不同的利益基础上寻求共同发展、谋求共同利益的一种组织形式。政府作为多元主体的公共管理部门，通过建立政府主导的人才培养模式协同创新管理体系，统筹多种资源，发挥政府的组织优势、资源调控优势和公共管理优势，统筹规划各地的大学协同创新，确保培养方向和目标，指导和协同合作的有序开展。

再次，政府应做好人才培养协同创新过程中多元主体的管理工作，规范工作流程，鼓励多元主体参与协同创新，从而建立有效的人才培养协同创新评价体系。政府的监督不仅使多元主体参与协同创新顺利进行，还可以使协同不顺利的多方承担合作责任，履行合作义务。

最后，政府要成为多元主体协同创新成果的评估者。政府应建立一套评估和激励体系，制定科学有效的评估标准，确定严格的评估程序，对多元主体各方及学生进行全方位的评估，同时以评价体系为基础建立激励机制，保护和激发多元主体参与的积极性，促进人才培养模式向更深层次的良性方向发展。

（二）大学在人才培养协同创新中的地位和作用

　　培养社会需要的合格毕业生是大学服务社会的重要职责。在大学人才培养模式协同创新中，大学居于主体地位，是人才培养模式协同创新的积极倡导者和实践者。也就是说，在如何培养人才方面大学会更有发言权，毕竟几百年的大学发展史给了其丰富的经验，在教学目标、课程、专业设置等方面知道如何设置才能更符合学生自身发展特点。

　　大学在人才培养协同创新中发挥积极和主动的作用，但是由于人才培养规格不同、在创新型国家战略体系中所处的位置不同、实现职能的侧重点不同，因此协同创新应有各自不同的方式。例如，研究型大学的目标是让科研成果更好地服务于社会，多开展以科研为主要目的大学和科研院所的学术协同；应用型大学以培养应用型人才为目的，多开展以教育和实践并重的地方政府、行业企业和大学的教育协同；高等职业技术学院以深厚的职业基础为背景，多开展技能培训为主要目的多元主体协同。首先，大学选派教师走出学校，走进企业，为企业提供学术方面的咨询服务，通过咨询活动，使教师把实际应用中获得的知识带回课堂，实现教学和实践的结合，还能为课堂教学及创新活动带来新的问题和新的需求。其次，将企业带进学校，教师根据企业需求安排学生完成给定实习要求及毕业设计。毕业设计必须能解决实际问题，毕业设计要保证成果的可行性，在毕业设计过程中培养学生独立工作的能力，这样既完成了实践教学同时又产出了实践性的研究成果。

（三）行业企业在人才培养协同创新中的地位和作用

　　行业企业是职业资格标准的主要制定者，是市场信息的传播者，是学校专业培养目标制定的指导者。因为行业企业是连接政府、大学和科研院所的桥梁，因而行业企业可以协助政府实施各项政策法规，又可以将大学、科研院所的有关信息反馈给政府；既可以对大学提供指导服务，又可以对大学进行监督评估，行业企业可以运用自身的优势，协调政府办好大学人才培养模式协同创新。

首先，行业企业可以促进自身和大学进行相互协同。行业企业了解本行业的技术发展水平，了解本行业需要什么样的人才，需要多少这样的人才，行业企业可以借助劳动力市场供求信息发布平台，系统、准确、及时地发布劳动力市场供求信息。行业企业还可以通过彼此之间的联合及依靠大型企业的帮助，参与到人才培养模式协同创新中，保证整个行业的良性发展。

其次，行业企业可以实现资源的有效利用。大学人才培养不仅是通过课堂教学完成的，也不仅是靠实验室就能创造出来的。尽管各级政府为改善学生实习、实训环境，加大了投入的力度，但仍然面临后续设备的更新与改造的困难，这是大学所承担不起的。如果通过行业企业参与实现资源共享，可以大大节约各种仪器设备的费用，从而降低人才培养的成本，更重要的是企业参与会给人才培养提供完全真实的技能实践机会和训练的环境与场所。

再次，行业企业可以在协同创新过程中获得相应的利益。行业企业参与人才培养协同创新的目的不是人才培养本身，而是希望在新产品的开发、技术改造、人员培训、技术咨询等方面得到大学的支持，而大学为实现人才培养、科学研究和服务社会三大职能就得积极与行业企业合作，从而使行业企业在协同创新中获利。

最后，履行行业企业的社会责任。行业企业的社会责任是指企业在创造利润的同时，还要承担对员工、消费者、社区和环境的责任。行业企业的社会责任要求行业企业必须超越视利润为唯一的传统目标理念，强调生产过程中对人的价值的关注，强调对社会的贡献。

（四）科研院所在人才培养协同创新中的地位和作用

科研院所在全球科技发展大潮中，对科学发展动态有更加敏锐的洞察力和鉴别力，是大学知识发展和贮藏的指向标。科研院所可以根据自身的性质给予大学更先进、更科学的指导，充分挖掘学生的学术能力，同时为自己吸纳优秀的学术后备军。

首先，履行科研院所的学术责任。科研院所占有大量先进的科技资源和优秀的学者，具备较高的科研能力，这些都是科研院所具有的优势，优势的延续和传承才是科研院所的最大责任。随着经济和社会的发展，大学人才培养不再是大学自身的责任，给学生提供完善的理论也是科研院所的责任，科研院所的学者都是专业方面的权威，和权威学者接触可以提升学生的学术兴趣，还可以为科研院所储备后备军。

其次，科研院所可以在参与大学人才培养过程中将自己的科研成果转化为企业实际产出。科研院所的成果往往都具有很高的学术价值，只有将这些学术价值的成果转化为实际价值的产出，才能真正发挥它的价值。而现阶段我国科研院所的实际转化能力低，只有借助大学人才培养模式的协同创新这一机遇，将科研院所和行业企业结合起来，才能真正提升实际转化力。

三、多元主体协同参与大学人才培养的现状分析

（一）多元主体共同参与大学人才培养的优点

第一，多元主体共同参与大学人才培养模式所创设的实践环境是提升学生实践能力的沃土。苏联教育家苏霍姆林斯基曾说过，在活动的实践中，学生能感到自己是一个发现者、研究者和探索者，体验到智慧的力量和创造的欢乐。多个参与主体根据社会的要求和人才发展的需要，创设人才培养所需的实践环境，把课堂中的科学知识和思维方法有计划、有组织地与实践中的操作技能融合在一起传递给学生，让学生的主动思考问题，以主体思维设计实践问题，提高学生的综合素质，开发学生的内在潜能，发展学生的个性。总之，通过理论教学和实践教学的结合，不仅要培养学生的实践能力，而且也要启发学生的创新精神和创新意识。

第二，多元主体共同参与大学人才培养真正实现了大学"取之于社，用之于社"的职能。人才培养、科学研究和服务社会一直就是现代大学的三大职能，然而传统的大学人才培养模式一直将大学作为单一人才培养的主体，这样一来人才培养的责任全部承载在大学一方身上，经费的投入成了政府的事，人才培养任务成了大学的事，当产出的毕业生无法满足社会需求时都来质问大学。然而当经济、社会发展对大学不断提出要求时，人才培养的责任就不再仅只是大学自己的责任了，就需要全社会为大学发展创造条件承担责任，这种只向大学问责是不行也合理的。因此，大学应该"取之于社"就是要将受益于大学的各种社会力量包括行业企业、科研院所和学生自身联合到一起为大学发展和人才培养出力量，这样才可以更好地调动社会各界的力量办学，培养出质量高、符合社会需要的毕业生，使他们更好地为社会各行各业服务，真正做到"用之于社"。

第三，多元主体共同参与大学人才培养模式可以培养学生的创新思维和创新能力。创新的关键是思维的创新，创新思维又是发散思维和聚合思维的统一。聚合思维是指从已知的知识系统、信息资料中寻找一种定向答案的思维方式，与发散思维相对应。发散思维，是指大脑依据思维已呈现出的思维点，向外扩散思维模式，多呈现为多维角度扩散状态。许多学者认为，发散思维是创新思维的源泉，是测定创造力的重要指标。创新思维不仅需要逻辑思维来推断，同时也需要形象思维和抽象思维的统一，即在头脑中突然的"顿悟"对创新思维意义非凡。多元主体参与的大学人才培养模式就是提供单一主体人才培养模式无法提供的条件，让学生在多元环境中动手参与实践操作，在掌握认识理论和规律的基础上，勇于实践想法，摆脱传统观念和思维定式的束缚，在形式多样的实践中培养学生的创新意识和创新能力。

（二）多元主体在参与大学人才培养过程中的冲突

第一，目标的冲突。大学是研究高深学问和培养优秀人才的场所，其目的是走出"象牙塔"、走向社会，在关注社会发展和需求的同时获得社会所提供的更多科研与教学资源，进而提高大学人才培养质量，提高科研成果的经济效益和社会效益。行业企业是以市场为导向来确定行业企业的行动方向，经济利润是行业企业追求的唯一目标，其目的是通过合作充分利用大学和科研机构高端人才汇集、学科门类齐全和研究基础雄厚的特有优势，促进企业新兴产品开发、调整陈旧的行业结构、提高科技成果转化率及改革新技术，进而提高产品质量和生产效益，最终获得高额的经济利益，推动企业发展。政府主要是通过多元主体参与人才培养，实现大学、科研机构和行业企业多个主体之间科学技术与人力资源的有效对接，提高科技成果含量，提高我国大学的科研水平和人才培养质量，提升企业的自主创新能力，促进国家经济发展。科研院所把研发先进的科技成果作为他们的主要目的，使科研成果顺利转化为行业企业和社会所需的实际产出。通过上述分析可以看出不同的主体各自的利益不同，导致了多元主体协同创新时工作重心的不同，为了保护各自的利益，各主体必定会出现利益割裂，无法做到统一协调，无法达到预期的结果。

第二，时间观念的冲突。大学教师、学生和科研院所的研究人员在时间上都是相对自由的。对教师来说，要安心授课，科研不是硬要求；对学生来说，要好好上课，实践和创新并不是大学生活的必须；对科研人员来说，科研并不是几天、几个月就能完成的，需要知识的同时也需要时间的沉淀和偶发的机遇。而行业企业靠产品吃饭，靠效率说话，为了生存和发展他们需要不断创新技术，并将创新迅速转化为产品，不断打造品牌，有非常强的紧迫感。

第三，风险承担和资金投入的冲突。人才培养模式协同创新也是一类创新活动，都是对未知领域的探索，合作各方必然都存在风险，主要是作为项目运作的物质支撑所投入的高额资金。科研院所和大学自身并不具备筹措资金的实力和开拓市场的能力；行业企业虽然有资金来源也可以实现资金的自我转化，但高资金投入的现状使企业不敢承担如此巨大的压力，结果企业往往在很多高新技术成果面前望而却步，或者只投资那些对企业有利的并可以在短时期就见到成效的项目。对于科技成果的转化工作，行业企业更愿意直接接受转化后的成果，不愿为转化过程投入过多成本，分担过多风险，总之只愿意承担科技转化过程中的部分风险，更多的是希望政府通过有关政策（如补偿）或机构介入来共同承担风险，减轻他们在资金投入风险上的压力。政府在出资投资某一个研发项目时更看重的是这个项目是否可以填充我国科研领域的空白或是否是当下经济发展急需解决的问题，政府肯定不会将资金投入到那些资金需求大但效果并不是很明显的研发项目上。

第四，多元主体进行人才培养的动力冲突。由于人才培养主体来自不同的领域，各主体自身价值观念和追求的目标不同，因此要想自觉将多元主体组织在一起进行人才培养模式的协同创新就缺少外部驱动力。人才培养是大学的基本职能，作为大学教师，培养优秀的毕业生是他们的本职所在，但教师也是人、也需要生活、也需要追求自身价值，这时基本的教学活动无法满足他们的要求，就需要在学术和科研中寻求。这些都会无意识地致使教师重理论科研轻教学，将注意力仅集中在发表论文和出专著上，毫不关心也不重视大学人才培养质量，因此大学教师在人才培养上动力不足。另外，由于大学、科研院所与行业企业在联合教学中没有形成法律规定，没有条文、没有保护的合作会导致权力分配、利益分配等方面出现不公现象，这致使大学、科研院所与行业企业都不会再主动寻求相互之间的合作。对于行业企业来说，大学和科研院所的科技成果的转化与应用是行业企业可持续发展的远期目标，可是我国行业企业的领导班子总是希望在其任期之内出成绩，而科学研究并不能在几年内就有成就，这样一来企业一味地投入终不见成果，必然会使企业不再投入资金引进新技术、开发新产品进而放弃或者根本不参与到教学和科研中去，这样就缺少协同的内在动力。对于政府来说也是一样的，它参与到大学、科研院所和行业企业多元主体协同中是为了提高我国的科技创新力、大学的创新能力和企业的自主创新能力，多个主体本身缺少动力必然会影响政府在人才培养协同创新上的动力。

第三节　美国高校人才培养模式及其协同创新的实践经验

一、美国多元利益主体参与大学人才培养的典型模式

（一）"并行式"的协同模式

20 世纪七八十年代，美国两年制的大学都采取"并行式"的教育模式。"并行式"人才培养模式是指学生在校期间学习理论知识的同时也去企业实习，每周经学校认可在企业进行实习的时间约 20～25 小时。

这种模式的优势就在于学生学习理论知识的时间和实习实践的时间是交叉融合的，学生的学业不会因为大量长时间的工作而耽误，实习结束后还可以回到课堂重新巩固理论知识，学生还可以在实习期间获得一定的劳动报酬以减轻学校学习和生活的负担。由于这种模式下的工作时间较短，因此学校可以根据行业企业的计划和安排经常改变工作的岗位，使学生体验多种不同的职业，为就业方向的选择打好基础。但这种模式也存在缺点，固定的学校学习和校外实习导致课程编排上的难度。学校要尽量在上午安排学生学习所用的教室，学生才能在下午的空余时间去企业实习，可是有的课程又在下午进行，这就需要学生和企业共同协商学习和实习的时间。上、下午学习和实习安排使得学生实习地点不能离学校太远，否则交通不便就会造成时间上的浪费，企业根据学校的时间来为学生提供实习岗位也相当不容易。

（二）"交替式"的协同模式

"交替式"的协同模式是指全日制在校学生将每学年分为学习期和工作期，每个时期结束后实行一次交替，工作期学生在企业全职实习，学校认可实习并计入评定。

创建于 1919 年的通用汽车公司通用汽车学院是凯特林大学的前身。1998 年，为纪念"创新之父"凯特林，将其更名为凯特林大学。凯特林大学是"交替式"协同模式的典范，学校以培养学生实践能力与创新能力为重点。该学校的学生每学年有四个学期，每学期 11 周，学生被安排按学期轮流交替在学校学习或在实习单位工作。这样一来，学生实习时间的长短完全由学校所决定，同时学校规定学生必须花费三个学期或两年的时间在和自己专业相关的岗位进行实习。学校为学生提供实习企业，学生也可以自寻企业，学生和实习企业之间是双向选择的，学生可以根据实习单位的距离和对企业的期望来选择实习单位，企业也可以通过校方提供的学生数据选择他们中意的学生。学校依据学生学业完成情况、学生在校表现及理论知识掌握情况来决定学生自身能力是否足以应对企业实习。凯特林大学规定学生在实习期要在单位全职工作（通常每周工作 40 小时），至少工作六周（250 小时），因此学生一年中的实习时间很长，过程也很完整。学生的实习成绩由实习指导老师评定，分为"合格"与"不合格"两类，获得"合格"才能记入成绩档案。成为统计学生学分的一部分。毕业论文是凯特琳大学学生运用理论知识和实际工作经验解决实际问题的综合环节，一般要求学生最后两个学期在实习单位独立完成，题目来自实习期间的真实项目，论文由校内校外老师共同指导，成果属于企业。

"交替式"的协同模式的优点在于，这种模式将学生的实习时间集中起来，可以使他们的实习具有系统性和连续性，在长时间的工作中建立和企业员工之间的信任感，真正融入企业文化中来，还可以通过一段时间的实习得到企业比较重要的岗位，对锻炼学生的实践能力有很大的帮助。缺点在于这种模式下长时间连续的实习经历就使理论知识的学习受到阻隔，不能连续进行，使学生实习结束后不能很快再投入到理论知识的学习中去，以致学业成绩下降，影响到正常的毕业及升学。

（三）"底特律契约式"的协同模式

"底特律契约式"的协同模式是美国密歇根州出现的一种"企业—教育"契约模式，由底特律商会组织在底特律地区开展，以想就业的学生为对象，是将大学、企业法人、社会团体、劳工组织、州及市的各级行政主管部门、底特律教育协会等联合起来的综合性教育契约。

"底特律契约式"有三个特点：首先，除学校、州和联邦政府外，底特律商界的创办人和组织成员也为契约协会筹措资金；其次，除捐款外，商业合伙人还为签订"底特律契约"的学生提供暑期工作、实习训练岗位、大学奖学金等待遇；最后，为保证教学质量，契约对学生教学、实习等各个环节都制定了具体的细节，只有平时考核成绩、学科分数等各个方面达到相应的考核标准的学生才能获得就业机会和奖学金。这样严格的管理形式提高了教学和实习的质量，毕业生在理论和实践方面都很出色，深受企业的喜爱，因此"底特律契约式"的协同模式规模逐年扩大。

二、美国大学人才培养协同创新的经验和启示

近年来，世界各国都在改革单纯培养理论学术型人才的培养模式，人才培养模式协同创新能够在理论教学和实践教学两种环境下对学生进行培养，因此成为世界高等教育改革的重要组成部分。从美国大学人才培养模式协同创新现状来看，其人才培养模式协同创新呈现出一些特点，这些特点给我国人才培养模式协同创新带来了以下启示。

（一）充分发挥多元主体的作用

由于多元主体在人才培养模式协同创新中的地位、资源储备、能力和发展目标上都存在着差异，形成了各自不同甚至独立的组织文化和机制。因此，多元主体在人才培养模式中的各自地位是不容忽视的，要充分发挥他们的作用。

首先，政府要制定完善、合理和配套的政策与措施，发挥政策引导和倾斜作用，具体包括政府为多元主体科技创新活动、协同教育项目提供大量的优惠政策和实施资金，推动人才培养模式协同创新的发展，充分发挥政府在协同创新过程中的协调、组织、管理、推动等功能。美国的国防教育法、伯金斯教育和培训条款有力地促进了美国合作教育对人才的培养，其中大部分实践教学由企业按照培训章程实施，大学和企业可以根据自己的实际情况做出相应的调整。

其次，大学的教育、科研要和企业生产联系起来。这样一方面可以使大学直接接触到生产领域中存在的各类科学技术问题，使科研和教学更有针对性；另一方面，大学可以借此机会获得充足的经费从而有利于协同创新下的大学人才培养。美国为参与合作教育联合培养人的企业提供了优惠的税收减免、财政补贴及专项支持资金。美国税收法规定，向大学捐赠的仪器、设备的企业可以减税，参加合作教育的行业企业可以减免 5% 的年营业额。

最后，企业特别是实力雄厚的大企业要重视与大学在人才培养方面的合作，使企业与大学教学和科研工作紧密相连，从实习基地、专业工程师、真实案例等方面为学生提供实践平台。20 世纪 80 年代，在国家拨款和企业界资助下，美国政府在大学内部设立了"大学工业合作研究计划""科学技术中心""工程研究中心计划"等实践平台，目的就是要吸收本校本科生和研究生参加科研工作，加强大学教学和科研工作的联系，为学生提供真实的实践平台。

（二）注重多元主体之间的知识转移

在大学人才培养模式协同创新中，政府、大学、企业和科研院所参与协同创新的过程本身就是知识扩散和集成的过程。知识有两个主要类型，即隐性知识和显性知识。显性知识可以用全面的、系统的语言来表述和传递，所以极容易通过竞争而到达对手手中，这样一来显性知识在企业内部就失去了持续的竞争优势。而隐性知识却难以表达和转移，一般仅限于观察理解含义并且通过实践获得，因此企业的核心竞争力往往都是在隐性知识的基础上建立起来的，是企业内部管理者头脑里的知识。但无论是隐性知识还是显性知识都会在方向明确的前提下在知识主体和客体之间交换转移，进而形成创新活力。美国大学设置了与科研院所和企业联络的知识转移办公室，主要负责大学和科研院所的研究发现和创新成果向企业的转移。办公室的负责人一般是由具有较深的学术背景且有国家高等教育部门、企业和公共部门工作经历的高级专家组成。因此他们在识别科技知识并向企业转移大学和科研院所知识产权上起着重要作用。

从传统模式上看，大学和企业的知识转移主要在研发和创新方面，但随着知识经济时代大学角色的转变，知识转移的内涵也发生了变化。首先，随着创新集群的出现，大学与科研院所、企业之间知识转移已经分化为个体、团队、大学、企业、价值链、协作网络、集群等多个层次，每个层次中的集群转移工程都会对集群内部各个要素的知识链完善起到积极作用。其次，大学、科研院所和企业的知识转移内容方面，已不仅限于合作研发、技术转让等方面，更包含了共同的愿望、信任关系、互动学习、激励机制、创新平台等多个领域。最后，大学与科研院所、企业之间通过知识的产生和转移形成协同创新的"知识网络联盟"。

在这个多元主体参与的协同创新"知识网络联盟"中，大学的主要任务在学科构建、风险投资、课程设置、人才规格、社会需求等方面做出相应的协同转变，科研院所和企业在协同研究、风险投资、知识应用、顾客需求、顾客反映等方面做出相应的协同转变，最终多个主体在相互合作的过程中实现新的知识和人才的转移，实现产品和过程研发的转移及学习型组织和知识供应的建立。这样一来，多元主体在满足社会需求的新知识、知识转移和多元主体的竞争力和学习能力上实现了多样的转移和融合，实现了多元主体的多赢。

（三）强调多元主体之间的信息沟通、交流和评估

人才培养模式协同创新之所以重要并为世人所接受就是因为它和传统大学作为单一人才培养主体相比，更注重多元主体参与的教学模式，注重学生综合素质、实践能力和创新能力的提高。虽然改革的形式多种多样，但人才培养模式的核心都是探索培养适应社会需求的具有全面素质的创新人才的教育模式，使培养的人才既有坚实的理论基础又有工作岗位必需的实践经验和实际动手能力。因此，要联合多元主体参与到大学人才培养中去，通过企业和科研院所提供的科研与实践平台提升学生的综合素质。如果企业缺乏教师或研究员从事本行业相关研究的信息或者没有足够的机会结识潜在协同伙伴，那么企业就会出现协同障碍。因此，在协同人才培养过程中要注重多元主体信息的交流和沟通，信息传递要到位。科研院所接到新的研究课题后，要大度，不要保守，要主动向大学寻求后备力量，使其参与科研工作。当然大学学生的科研能力是很有限的，让他们独立完成课题是不可能的，但参与协助科研的过程本身对学生来说就是提升自我的机会。企业也不要吝啬自己的信息资源，有合适的实习项目就要积极与大学联系，让符合条件的学生真正参与到企业工作中去。大学可以设立实习生储备库，将有理论资质但还没有找到合适岗位的学生信息汇集起来，交给企业和科研院所，并及时更新学生实习数据，大学还可以给学生推荐合适的实习岗位，科研院所和企业也可以从实习生储备数据中寻找符合条件的学生。这样就保证了资源的良性流通和充分利用，实现资源的对接，创造学生实习的机会，并为科研院所和企业储备人才创造条件。对于人才培养模式协同创新的效果评估也要从多元主体的角度考虑，除了大学要对学生的课业成绩进行评估外，企业和科研院所也需要根据学生在实习过程中的参与表现进行评定，对实习的时间、出勤率、效果、动手能力、阶段总结报告等具体方面做出明确的

指标规定，最终实现多角度地评估效果，为下一阶段的课业和实习安排做好铺垫。

第四节　高校人才培养模式协同创新的模式选择与机制构建

一、大学人才培养模式协同创新的原则和依据

大学人才培养模式协同创新是个系统的工程，是政府、大学、科研院所、企业等多元主体共同组成的有机体，因此在实施过程中就难免出现这样那样的问题。为了使大学人才培养模式协同创新的顺利进行，要遵循一定的原则。

（一）教育性原则

大学人才培养模式协同创新与传统人才培养模式根本的区别就在于它与社会紧密相连，多元主体在人才培养中起着十分重要的作用。但是这样的现实转变并没有改变教育的本质，人才培养仍然是协同创新的基本任务，在这一模式中仍然具有核心地位。

第一，人才培养是大学的基本任务。大学人才培养是围绕学生发展而展开的，大学要让其他主体参与人才培养，就得认可学生在人才培养模式协同创新过程中的多重身份，他们既是多元主体协同培养的主要对象又是人才培养的对象，也是自我教育的主体，所有的协同活动都是围绕学生展开的，学生处于人才培养的核心，人才培养处于大学的核心。

第二，人才培养也是时代赋予企业和科研院所的任务。随着社会的变化，人才培养不再仅是大学的任务，企业和科研院所为了在人才培养模式协同创新过程中可以通过挑选人才和使用人才来提高团队人员素

质，就要参与大学的人才培养，因此企业和科研院所也肩负了人才培养的重任。

第三，大学人才培养是大学、企业和科研院所参与协同创新的结合点。企业关心的是大学可以给他们提供怎样的人才，科研院所关心的是具有科研能力的后备力量，因此，学校的人才培养必须调整发展机制，迎合不同主体的需求，这样才能调动企业和科研院所的积极性。

（二）协同性原则

大学人才培养模式的协同创新是政府、大学、企业和科研院所在人才培养过程中提供不同的教学环境和教学资源，把以课堂传授知识的学校教育与获取实际知识和实践能力的科研与生产结合起来。这是一个宏大的工程，需要多元主体自上而下地推动和自下而上地协同，处理好传统高等教育理念和协同创新理念的关系。多元主体利益分歧将会影响多元主体合作范围和模式的选择及对协同利益的评价，因此要在均衡这些要素之间寻找突破口，就要多元主体在人才培养协同创新过程中找到最佳的利益结合点，在目标上达成统一、权责上分配分明、内容上具体明确。政府、大学、企业和科研院所共同构建协同机制，政府在协同创新过程中提供相关的支持政策。大学是以学术价值为导向，看重协同是否有利于人才培养和科学研究，同时也要重视科学研究服务于社会，着力培养企业和科研院所所需的管理人才和科技人才。企业以市场为主体，以协同后的经济价值为导向，为协同提供实验基地、资金和人员，并积极沟通知识产权和项目收益上的归属。科研院所也以学术为导向，更侧重于协同是否有利于学术研究，同时要加快科研应用价值转化。即使不能使多主体共同受益，也要在补偿中使之受益，企业和科研院所如果觉得在学生参与实习上损失了自身利益，大学就应该通过技术革新、开发新产品等方面给予补偿，这样才是对协同原则的坚持，才能使协同合作持续得更持久、效果更显著。

（三）互利性原则

在人才培养模式协同创新过程中，如果协同仅对一方有利，合作将难以持续，多元主体实现互惠双赢的局面才是长久之计，这样一来多元主体不能只考虑自身利益，而要相互关心对方利益，尽量使对方利益最大化。多元主体可以短期没效益，但必须有潜在的或长期的效益，同时各方还要保证其他主体的利益不被侵犯，使对方困难或损失最小化，这样才能激发多元主体投入合作的动力，努力做到自愿、平等、互惠、利益共享和风险共担。只有这样，大学、科研院所才能不断地为企业的科技进步注入新的活力和动力，企业才能不断地为大学和科研院所提供正确的市场需求信息，科研院所才能不断地为大学和企业提供领先的科研成果。因此，要实现人才培养模式协同创新就必须遵循基于风险共担和利益共享的互惠双赢原则，使多元主体各方保持长期、稳定、互惠和共生的协作关系。此外，互惠双赢也取决于多元主体各方对自身优势和劣势的准确判断，否则就容易出现角色定位的偏差和过多干预的现象，因此保持信息的交流和沟通，建立互信机制，可以有效避免利益冲突和纠纷，让多元主体各方实现互惠双赢。

二、大学人才培养模式协同创新的模式选择

（一）以政府、学校和企业为主导的协同模式

以政府、学校和企业为主导的协同模式是指政府为主要牵头方参与大学的人才培养过程，在各类活动过程中提升学生的实践能力和创新能力。政府、学校和企业的协同可以从以下两个方面着手。

第一，政府组织下的大学生志愿者活动。众所周知，志愿者活动主要是由政府或用人部门根据活动或项目的需求，提出招聘人员的具体素质和能力要求，所招募的人员经过严格的筛选培训后，按照组织主体的意志和要求完

成实践活动的内容和要求。我国大学生对志愿者活动有较高的热情，然而真正参与志愿者活动的人数却不多，这就说明志愿者活动的供给和需求不对称，志愿者活动社会化水平较低，缺乏自身的组织系统，大学生难以实现自己服务社会和发展未来的需求，志愿者活动难以发挥自身的真正功能。因此，政府以志愿者活动为依托，引导大学生参与志愿者活动，诸如西部计划、关爱农民工子弟、服务社区困难群众等，使学生在真实的社会情境中提高学生参与的积极性，在满足大学生服务社会的责任感和使命感的同时实现大学生自身的满足感和成就感，最终提升大学生的实践能力、团队合作能力等。

第二，企业科技文化竞赛。企业科技文化竞赛一般是指政府作为活动的组织者，通过科技文化竞赛，提升学生的创新能力的同时为学生和企业之间的协同创新搭建平台。麻省理工学院的"万美元商业计划竞赛"历史悠久，成效显著，每年都有很多新的成果从这项竞赛中诞生，很多获奖的商业计划被以高价买进，竞赛团队被企业吸纳。因此，我国政府可以在现有的"挑战杯"全国大学生课外学术科技作品大赛、全国大学生数学建模竞赛、"毕昇杯"全国电子创新设计竞赛等各类科技竞赛的基础上，牵头为大学搭建检验实践能力的平台。科技文化竞赛可以通过将企业的自身科技需求信息传递给参赛的学校队伍，让参赛队伍可以在企业需求的基础上结合自身的专长投入创新研究，在实施过程中企业要与学校做好沟通工作，企业可以利用高校人才、设备等，学生可以利用企业最真实的实践场所来反复验证项目的可行性。在科技文化竞赛实施过程中，以学生作品为载体，引导学生发现问题、解决问题，并增强学习兴趣及研究的能动性，培养学生的团队合作意识和创新精神；学校以学生为特质，展现和检验人才培养的定位、特色和效果，学校通过举办和参加多层次、多学科、多形式的科技文化竞赛活动，可以进一步加强相关学科专业的联系和课程建设，进一步提升学生的科研水平，为优秀人才的脱颖而出提供专门舞台。

（二）以科研院所、学校和企业为主导的协同模式

科研院所、大学和企业之间的协同是建设创新型国家和高水平科研机构的迫切需要，是提升企业自主创新能力和培养高层次创新人才的必然选择。科研院所、大学和企业的协同可以有以下两种形式。

第一，以项目为导向的团队协同。我国可以将许多独立的科研院所和企业通过科研项目的形式和大学一起进行多学科的跨专业研究和人才培养。这种团队项目协同可以弥补传统科研院所、企业和大学所欠缺的跨学科专业平台建设，科研项目团队将科研院所、企业与大学相关专业的专家学者联系在一起，为他们创造了一个借助互补性资源进行知识创新的平台。

第二，在大学建立科研院所和企业联合实验室。在大学校内建立联合实验室，一方面企业和科研院所可以为大学提供研究资金，改善大学内部已有的研究条件，使科研院所的科研设施、企业的实践基地与大学共享；另一方面科研机构和企业也可以充分利用大学丰富的知识和人才资源，实现局部范围内知识、科技和人才的转移，为科研院所培养具有高水平科研能力的学生，为企业培养具有较强实践能力的学生。这样一来，科研人员、企业专家、大学教师和学生的流动性也就大大增加了，科研院所、企业和大学可以通过互派学者、研究员、大学教师和学生等方式加强协同创新。

总之，在此种模式下科研院所通过吸收大学教师和学生参与具体研究项目，引入新知识和新思想，可以开阔研究视野，在项目研究过程挖掘科研院所所需要的后备力量；大学也可以在此期间通过充分利用科研院所的研究设备和仪器改善大学已有的科研条件。企业可以在此期间通过科研院所和大学知识的转移提升自主创新能力，并吸纳人才。

（三）以企业和学校为主导协同模式

企业和学校为主导的协同模式是大学和企业实现资源优势整合的一种有效的方法。在创新时代，积极推动大学和企业协同创新是促进发展方式转变、推动大学改革的重要途径。大学和企业相互配合，把大学人才培养模式协同创新作为提升自主创新能力的重要举措。大学应考虑企业作为技术创新的主体性，努力将自身学科链和企业生产链有机结合起来，将创新主体、创新要素和创新环境有机结合，具体可以从以下两个方面入手。

第一，多主体之间的实习协同。主要是让学生和大学融入企业中，实现教育和研发合作，提升学生的实践能力，具体包括两个方面：一是让学生走进企业，每年的寒暑假，企业吸收一部分实习学生，学生通过实习充分地了解实习单位的企业文化，同时不断提高自身实践素养；二是让大学与企业联合监督，在学生实习的过程中企业通过筛选，选拔一批符合实践要求的学生，同时将仍需改进的学生名单反馈给大学，大学则在学期开始后，根据企业的反馈信息，针对每位学生制订个性化的实习教学计划。因此，大学应当建立专门的实习教学管理部门，积极与企业协商处理好学生的实验培养计划，提供企业需要的人才及为人才提供适应其特点的实习岗位，根据人才的实习反馈信息完善人才的培养计划。同时，大学与企业还应当给予学生一定的补助，在保障学生生活水平无忧的情况下，让学生将更多精力放在实习活动之中。

第二，科学精神和创业精神的协同。企业由创业精神而生，大学依科学精神而存在。推动科学精神和创业精神的协同，有助于在人才培养模式协同创新中树立变革创新、敢于冒险和宽容失败的精神，营造互利共生和联手共赢的团队文化。大学中的社团可以看作是一个团队，而利用社团培养学生的科学精神和创业精神就是人才培养模式协同创新的重点。社团可以根据自身的特点，联系相关企业，利用企业实践项目丰富的优势，再聘请企业的专家作为社团的学术指导教师，指导监督学生实施项目研究。通过学生的参与及专业人员的介绍，企业可以发掘自身需要的人才，人才可以基本确定自己的兴趣爱好及选择自己感兴趣的企业。学生毕业时，企业和学生可以提前选择招聘和就业，双向获益。

三、大学人才培养模式协同创新的机制构建

（一）人才培养模式协同创新的利益协同机制

大学人才培养模式协同创新要由浅入深、由点到面逐步实现政府、大学、科研院所和企业的一般性资源共享，实现多元主体之间的单个或若干项目合作，开展跨机构、跨行业、跨学校和跨专业多项目协同，这样稳定的协同创新机制其根本在于通过协同实现多元主体的利益诉求。虽然人才培养协同创新多元主体各自的目的和价值取向不尽相同，但都希望通过多元主体的协同合作实现自身的目标或利益最大化，这说明多元主体之间存在最佳利益契合点。也就是说，在协同创新中要合理设置利益分配机制，达成"利益平衡点"。

从目前我国大学人才培养态势看，政府、大学、科研院所和企业之间基于利益驱动的自愿协同创新尚未成形，若要实现高水平、高起点的多元主体人才培养模式协同创新，必须发挥政府引导作用，并在外部利益协同机制上有所发展，要做到政府、企业、科研机构和大学各方均事先确认各自的利益范围与责任边界，增加多元主体的主体意识和风险意识，在共同承担风险的同时也共同享受利益。

因此，在人才培养模式协同创新过程中，大学首先要有长远的眼光和宽广的胸怀，要认准协同的目标是为了培养优秀的人才，不与协同伙伴争利益，树立开放的心态，使多元主体各方都主动协同，积极承担自身应尽的职责，预见成功带来的收益，勇于放弃一些利益，并促进多参与主体组建人才培养协同创新机构，定期沟通，及时解决协同创新中出现的问题，最终使各个参

考主体都能够在协同创新中受益。企业作为根据市场需要而创造财富的多元主体的一方，要主动调节大学和科研院所不主动适应市场需求的现状，为大学和科研院所争取更多地实现人才培养目标的项目，使大学和科研院所的生存和发展都受到市场经济竞争机制的激励，使大学生具有市场经济所需求的能力和技术。此外，大学、企业和科研院所之间要建立一种长期的伙伴关系，使多元主体人才培养趋向长期性，推动各方在资源共享上承担更多的义务，这是促进大学、企业和科研院所在风险和利益观念上协同的基础。

（二）人才培养模式协同创新的目标协同机制

大学人才培养模式的目标协同机制是多主体实行协同行为并得以成功的前提条件。当前，世界正处于大发展、大变革和大调整时期，全球科技、教育呈现出新的发展态势，当代科技创新模式正由传统的线性组织模式演变为跨国别、跨区域和跨组织的开放式合作模式，协同创新成为世界各国提高科技竞争力和综合国力的重要途径。大学人才培养模式的协同创新涉及不同的创新主体，是一种特殊的混合型跨组织关系，单个主体无法取得全部的资源和控制权，需要建立目标协同机制来激励协同创新。

目标的分散必然会导致资源的分散，目标的不明晰必然会导致行为的不确定从而导致结果的失效。因此，只有多元主体找到共同发展目标，人才培养模式协同创新才能凝聚来自各自的人力、物力和财力，目标执行才会有无限动力，多元主体各方应对人才培养协同创新总体目标才有共识、有积极性、有使命感，才能形成多元主体主动参与人才培养协同创新的文化氛围。因此，协同创新的目标要以对企业、对国家、对经济发展负责任的态度，才能为国家发展科学文化和提升国家综合国力做贡献。

多元主体人才培养协同创新目标的顺利进行是以政府的行政权力为基础的，通过协调配置学术活动所需的人力、财力和物力，并以法律法规的形式维护各参与主体基本的权力、权利、责任、义务等。大学、科研院所在学术方面具有较强的话语权，因此在人才培养的专业选择、课程设置等方面可以给予一定的专业建议；对于偏离目标、不实际的人才培养实施方案可以给予一定的修正意见；对其他教学主体的创新思想、创新方法和执行过程具有一定评议权。

企业在协同过程中应有一定的执行权，主要是指受权协同执行大学人才培养目标，还有开拓市场的权利及分享创新成果所创造的经济利益的权利。企业应履行的义务主要包括：配合大学、科研院所进行人才培养；为大学、科研院所提供良好的实践平台；提供大学生实习的机会；吸纳大学中优秀的毕业生到企业工作；配合大学、科研院所进行研发；对科研成果进行转化。总之，各个主体在协同过程中要完成各自的责任，大学、科研院所在协同过程中对企业进行科学指导；对于学生提出的理论合理但实践困难的创意，各个参与主体应该给予支持；对于需要深加工的项目要继续进行深层次研究；要努力做到为提升学生的创新能力和实践能力提供全方位的支持。

（三）人才培养模式协同创新的政策协同机制

人才培养的政策协同机制是指政府及有关部门建立以学生为主体，以创新人才培养模式为目标，以完善大学人才培养、提高人才培养质量为导向，以政府为引导，以服务社会为最终效应，以企业为人才知识实践转化场所，以大学和科研院所为知识创新源头，建立互动、互惠和互赢的协同创新机制。

第一，政府要做好科技管理和人才培养制度的顶层设计。大学人才培养模式的协同创新需要多元主体统一思想、形成合力，强化政府对协同创新的宏观指导。首先，要推进政府科技管理体制改革，加快转变政府管理职能，加强科技管理部门的沟通协调，为大学人才培养模式协同创新调配资源、解决难题，帮助多元主体克服在资金、组织和管理上的障碍。其次，要加强制度上的顶层设计。建立健全有关大学协同创新的组织平台、科研经费、实践场地、考核评价等方面的政策制度，打破大学与其他多元主体之间的体制壁垒，加强政策落实，完善协同创新的执行和监督体系，建立合理的利益共享机制。

第二，制定多元主体参与大学人才培养模式协同创新的相应政策。例如，政府组织和实施人才培养规划项目，对人才培养协同创新项目申请上给予明确的鼓励和扶持，在加大政府财政投入力度的同时，拓宽人才培养资金的来源渠道，设立各类协同基金并以制度的形式保障资金的合理、透明的运作，并保证组织对资金的运作情况定期进行监管。政府通过搭建大学人才培养模式协同创新平台，加强校企、校所之间的互聘和考核，实行人才的协同培养和学分互认，推动大学科学研究、学科发展和人才培养的紧密结合，构建大学人才培养模式协同创新的新型服务政府。

总之，大学人才培养模式协同创新的最终的目的是增强多元主体人才培养协同创新的主动性和积极性。大学要不断改进人才培养模式，真正做到让高水平企业和科研院所参与人才培养模式与人才培养方案的制定中来，参加编写教材和提供教学案例，设置协同教育基地，设立各类奖学金。从多元主体各个角度协调和推动人才培养协同创新的健康发展，对大学学生特别是参与人才培养协同创新项目的学生的毕业去向给予相应的支持政策，使他们可以在离开学校后仍然有发展空间。

参考文献

［1］蔡丽. 高校应用本科人才培养模式实施效果的研究［D］. 重庆：西南大学，2023.

［2］成瑶. 高校第二课堂人才培养模式研究［D］. 咸阳：西北农林科技大学，2023.

［3］肖晓芳. 高校创业型人才培养模式研究［D］. 武汉：中南民族大学，2023.

［4］薛立军，尹庆民. 应用型人才培养的探索与实践［M］. 北京：知识产权出版社，2009.

［5］对外经济贸易大学教务处. 创新与实践：本科人才培养与教育教学改革论文集［M］. 北京：对外经济贸易大学出版社，2013.

［6］龚敏. 西部高校应用型本科人才培养的理论与实践［M］. 成都：西南交通大学出版社，2008.

［7］张泰城. 红色资源与高校人才培养：以井冈山大学为例［M］. 北京：中国书籍出版社，2015.

［8］孔建益，顾杰. 提高人才培养质量与高等教育教学改革研究［M］. 武汉：湖北人民出版社，2012.

［9］徐金寿. 高等职业教育人才培养模式研究［M］. 北京：中国科学技术出版社，2008.

［10］秦亚青. 教育管理与创新型人才培养：外交学院教学管理论文集［M］. 北京：世界知识出版社，2007.

[11] 袁川. 改革与探索：高校创新型人才培养的社会学分析 [M]. 武汉：华中师范大学出版社，2015.

[12] 何齐宗. 导师制与本科人才培养研究 [M]. 北京：中国社会科学出版社，2014.

[13] 沈千帆. 北京地区高等院校第二课堂教育与人才培养研究 [M]. 北京：中国铁道出版社，2011.

[14] 杨慧林，洪大用. 变革时代的高等学校文科教育：中国人民大学本科人才培养的实践与探索 [M]. 北京：中国人民大学出版社，2011.

[15] 北京市教育委员会，北京高等教育学会教材工作研究会. 构建高等教育教材建设体系，提高高等教育教学与人才培养质量：北京高校教材建设研究文集 [M]. 北京：中国人民大学出版社，2015.

[16] 张艳，黄捷. 高等职业教育人才培养与教育教学研究 [M]. 长春：吉林大学出版社，2012.

[17] 孔建益，顾杰. 人才培养与高等教育教学改革研究 [M]. 武汉：湖北人民出版社，2010.

[18] 廖宁杰. 地方高校音乐学专业创新人才培养教育教学改革策略研究 [J]. 音乐时空，2021（12）：110.

[19] 芦峰，郝娟. 研究性教学与高校创新型人才的培养 [J]. 教育科学，2011（5）：4.

[20] 范亚菲，陈军. 高校就业指导教育与人才培养问题的研究 [J]. 现代教育科学（高教研究），2006（5）：148-150.

[21] 聂绪学，覃凤英. 新形势下高校教育教学改革与创新型人才培养研究 [J]. 党史文苑，2007（10）：79-80.

[22] 李海红，李红艳. 基于新时代下提升高校教育教学和人才培养质量的研究 [J]. 智库时代，2019（33）：8-9.

[23] 周海宁. 新时代下提升高校教育教学和人才培养质量的研究 [J]. 海外文摘·学术，2020（10）：42.